# 汽车故障与维修技术探索

李文涛　韩龙海　庞　蒙◎著

经济日报出版社

北　京

图书在版编目（ＣＩＰ）数据

汽车故障与维修技术探索 / 李文涛，韩龙海，庞蒙
著. -- 北京 : 经济日报出版社，2025.6
ＩＳＢＮ 978-7-5196-1460-7

Ⅰ. ①汽… Ⅱ. ①李… ②韩… ③庞… Ⅲ. ①汽车—
故障诊断②汽车—故障修复 Ⅳ. ①U472.4

中国国家版本馆ＣＩＰ数据核字( 2024) 第 031719 号

**汽车故障与维修技术探索**

QICHE GUZHANG YU WEIXIU JISHU TANSUO

李文涛　韩龙海　庞　蒙　著

出　　版：**经济日报**出版社
地　　址：北京市西城区白纸坊东街 2 号院 6 号楼
邮　　编：100054
经　　销：全国各地新华书店
印　　刷：廊坊市博林印务有限公司
开　　本：787mm×1092mm　1/16
印　　张：11
字　　数：210 千字
版　　次：2025 年 6 月第 1 版
印　　次：2025 年 6 月第 1 次
定　　价：78.00 元

# 前　言

　　本书从汽车故障及诊断的基础介绍入手，针对汽车故障产生的原因、汽车故障的诊断方法、汽车故障诊断的原则和步骤进行分析研究；同时对汽车故障诊断设备、汽车电器设备故障检测与维修做介绍；还对汽车曲柄连杆、配气机构、冷却系、润滑系、柴油机燃料供给系、传动系、制动系统、转向系统、行驶系统、空调、安全系统故障与维修进行研究。本书可以作为从事汽车故障检测与维修的技术人员的参考资料，也可以作为高等学校汽车维修等相关专业的教学参考用书。

　　在本书写作过程中，参阅了国内外相关文献和资料，从中得到一定的启示，同时也得到有关领导、同事、朋友及学生的大力支持与帮助，在此致以衷心的感谢。本书的选材和写作还有一些不尽如人意的地方，加上编者学识水平和时间所限，书中难免存在不足之处，敬请同行专家及读者指正，以便进一步完善提高。

李文涛　韩龙海　庞　蒙

2024 年 12 月

目 录

# 第一章 汽车故障及诊断

## 第一节 汽车故障与产生原因

### 一、汽车故障的分类

根据分类目的的不同，汽车故障的分类方法多种多样，常见的故障分类方法如下：

#### （一）按故障发生的性质分为自然故障和人为故障

自然故障是指汽车在使用期内，由于受外部、内部不可抗拒的自然因素的影响而产生的故障。

人为故障是指汽车在制造和维修中，由于使用了不合格的零件或违反了装配的技术要求，或汽车在使用中没有遵守使用条件和操作工艺规程以及运输、保管不当等人为因素所造成的故障。

#### （二）按故障发生的速度分为突发性故障和渐进性故障

突发性故障是指零件在损坏前没有可以觉察到的征兆，零件损坏是瞬时出现的。这是由于各种不利因素以及偶然的外界影响共同作用的结果。这种作用已经超出了产品所能承受的限度。如汽车运行时由于遇到意外障碍物等原因而造成的零部件的损坏；轮胎被地面尖石或铁钉刺破；发动机油路堵塞；导线松脱以及司机操作失误引起的事故性损坏等。此类故障发生的特点具有偶然性和突发性，一般不受运转时间影响，无法对其进行监控，因而这种故障是难以预测的。但这种故障容易排除，因此通常不影响汽车的使用寿命。

渐进性故障是由于汽车某些零件的初始参数逐渐恶化，其参数值超出允许范围而引起的故障。如发动机的气缸—活塞，由于磨损使配合间隙超过了允许范围，导致润滑油消耗量增加、曲轴箱窜气量增加。这种故障的特点是故障发生的概率与使用时间有关，一般在汽车有效寿命的后期才明显地表现出来。渐进性故障的发生标志着产品寿命的终结，对汽车而言则往往是需要进行大修的标志。由于这种故障是逐渐发展的，所以是可以进行预测的。通过诊断和监测仪器进行测试或监控，能预测故障的发生时间，降低故障率，延长汽车的使用寿命。

突发性故障和渐进性故障之间一般是有联系的。应该说所有的故障都是渐进的，因为事物的变化都是由量变到质变的过程。如零件的磨损发展到一定程度，就可能导致突然的损坏，比如旧轮胎发生故障的概率要比新轮胎大得多。因此，汽车使用的时间越长，发生故障的概率就越高，损坏的程度也就越严重。

### （三）按故障表现的稳定程度可分为持续性故障和间歇性故障

持续性故障一旦发生，其出现规律较为明显，症状表现稳定，直至故障被排除。引起这类故障的故障部位技术状态稳定，一般较易诊断和排除。

间歇性故障具有突发性，时有时无，且无明显规律的特点，其原因是引起这类故障的故障部位的技术状况发生不规则变化。这类故障较多地发生在电路，特别是汽车电控系统中，其主要原因是汽车组成件因磨损、过热、振动导致故障部位技术状态处于故障临界状态。

### （四）按故障是否显现可分为可见故障和潜在故障

已经导致功能丧失或性能降低的故障为可见故障。

正在逐渐发展但尚未对功能产生影响的故障为潜在故障。如：汽车前轴和传动轴裂纹，当未扩展到极限程度时，为潜在故障。值得重视的是，潜在故障一旦对功能产生影响，常常具有突发性质，因此对汽车的安全行驶极其不利。

### （五）按故障危害程度分

在汽车可靠性评定中，根据故障发生后对总成、系统或整机及人身安全的影响可分为致命故障、严重故障、一般故障和轻微故障。为了更准确地评估汽车的可靠性，规定使用多类故障系数对可靠性试验中实际发生的故障数进行修正。通过这种方法，可以求得当量故障次数，进而对汽车的可靠性进行更为客观、准确的评定。其分类方法见表1-1。

表 1-1　汽车故障分类

| 故障类别 | 分类原则 |
| --- | --- |
| 致命故障 | 涉及人身安全，可能导致人身伤亡；引起主要总成报废，造成重大经济损失；不符合制动、排放、噪声等法规要求 |
| 严重故障 | 导致整车性能显著下降；造成主要零部件损坏，且不能用随车工具和易损备件在短时间（约 30min）内修复 |
| 一般故障 | 造成停驶，但不会导致主要零部件损坏，并可用随车工具和易损件或价值很低的零件在短时间（约 30min）内修复；虽未造成停驶，但已影响正常使用，需调整和修复 |
| 轻微故障 | 不会导致停驶，尚不影响正常使用，也不需要更换零件，可用随车工具在短时间（约 5min）内轻易排除 |

## 二、汽车故障产生的原因

导致汽车产生故障的主要原因是汽车零件的失效。汽车零件失效的主要形式有磨损、断裂、变形、腐蚀和老化等。

### （一）金属零件的失效

汽车金属零件失效的主要表现为磨损、断裂、变形、腐蚀和穴蚀。

#### 1. 磨损

磨损是指汽车零件摩擦表面的金属在相对运动过程中不断损失的现象。磨损的发生将造成汽车零件尺寸缩小，形状精度降低，表面配合性质发生变化，使零件的工作性能逐渐降低，是产生各种故障的主要原因之一。磨损包括物理的、化学的、机械的、冶金的综合作用，它与零件材料性质、表面加工方法、载荷、工作温度、润滑状态以及相对运动速度等因素密切相关。按磨损机理的不同，磨损可分为磨料磨损、黏着磨损、疲劳磨损、腐蚀磨损和微动磨损等。同一零件同一表面的磨损可能由单独的磨损机理造成，也可能由综合的磨损机理造成。

（1）磨料磨损

磨料磨损是指摩擦表面与硬质颗粒或硬质凸出物相互摩擦引起的磨损。这种硬质颗粒或硬质凸出物就是磨料。汽车各摩擦副之间的磨料大多来自空气中的尘埃、燃油和润滑油中的杂质和零件摩擦表面剥落下来的颗粒。

磨料磨损的机理可归于磨料的机械作用，磨料对摩擦表面的破坏可分为碰撞冲击、研磨和擦伤三种，一般磨料磨损表面存在着许多直线槽，它们可以是很轻的擦痕，也可以是较深的沟槽。

磨料磨损是汽车零件中最常见的一种磨损形式，对机械的性能和寿命有着重要的影响。在汽车维修中应做好零件清洁存放，加强零件装配前的清洁工作和密封工作，防止外界磨料进入总成内部。

（2）黏着磨损

黏着磨损是指摩擦表面间接触点发生黏着现象，使一个零件表面的金属转移到另一个零件表面所引起的磨损。所谓黏着就是两个摩擦表面接触点金属熔化、原子互相扩散、化合以及再结晶的过程。摩擦副运动进程中，局部接触点油膜或氧化膜被破坏，在摩擦高温下发生黏着，在随后的运动中又撕裂，如此黏着—撕裂—再黏着—再撕裂，反复进行就形成黏着磨损。

黏着磨损的磨损量与黏着点撕裂时的剪切位置有关。

如果黏着点的结合强度比摩擦副任何一方的材料强度都低，则撕裂将发生在黏着接点的界面处。此时材料的转移极轻微，滑磨面也较平滑，只有轻微的擦伤，此种情况称为外部黏着。汽车发动机中的气缸与活塞环，气门挺杆与凸轮轴凸轮处的润滑油膜遭到破坏时，即可发生这种外部黏着情况。

如果黏着点的结合强度比摩擦副中任何一方的材料强度高，则撕裂将发生在材料强度较低的零件内部，此时就必然会有金属从一个摩擦表面转移到另一个摩擦表面，且金属的转移量较大，此种情况称为内部黏着磨损。例如，由于发动机过热或配合间隙太小，所产生的"拉缸""烧瓦抱轴"以及主减速器锥齿轮由于用油不当、调整欠妥而引起的剧烈磨损都是典型的内部黏着磨损。

汽车工作中，轻微的外部黏着磨损允许存在，而内部黏着磨损一般都会引起恶性故障，必须尽力避免。

黏着磨损的发生与材料特性、零件表面粗糙度、润滑油、零件运动速度和单位面积上的压力等因素有关。为了减少黏着磨损的发生，在汽车维修中应注意：①保证配合副合理的装配间隙（如气缸与活塞间隙等）；②不轻易使用不同材质的汽车配件；③旧件修理后应达到规定的表面粗糙度；④发生过黏着磨损的旧件修理后不能留有黏着残余；⑤认真做好发动机润滑系与冷却系的维护工作，使用规定牌号的润滑油，并在使用中注意添加或更新。

（3）疲劳磨损

疲劳磨损是指具有纯滚动或滚动与滑动并存的摩擦副，在工作过程中由于交变接触应力的周期性作用，使零件表层产生微粒脱落而引起物质损失的现象。疲劳磨损的特点具体表现为摩擦面出现大小、深浅不同的麻点或痘斑状凹坑。

疲劳磨损是汽车齿轮齿面、滚动轴承滚动体及内外圈滚道表面、凸轮和挺柱接触面等零件的主要失效形式之一。

（4）腐蚀磨损

腐蚀磨损是指在摩擦过程中，由腐蚀和摩擦共同作用导致的零件表面物质损失的现象。单纯的腐蚀现象不属于腐蚀磨损，腐蚀磨损是一种机械化学磨损，它是腐蚀现象与机械磨损过程相结合形成的。

腐蚀磨损分为化学腐蚀磨损和电化学腐蚀磨损两种。

①化学腐蚀磨损。化学腐蚀磨损是指在零件配合副中存在着腐蚀介质，它们之间产生化学作用而生成各种化合物，在摩擦过程中不断被除去而引起零件表面物质损失的现象。影响化学腐蚀磨损速度的因素是：介质腐蚀性的强弱、工作温度高低、化合物机械性能及化合物与基体金属之间的结合强度等。

化学腐蚀的典型例子有：汽车发动机气缸低温腐蚀；含有铜、铅等元素的滑动轴承，其中的铅容易被润滑油中的酸性物质腐蚀，使轴瓦表面出现麻点状脱落等情况。

金属零件表面由于材料与空气或润滑油中的氧发生氧化反应，导致摩擦表面上沿滑动方向出现匀细的磨痕的现象也属于化学腐蚀磨损（通常称为氧化磨损）。一般而言，氧化磨损普遍存在，其磨损率是所有磨损类型中最小的，且氧化膜的生成还有利于防止黏着磨损。

②电化学腐蚀磨损。电化学腐蚀磨损是指在零件配合副中，存在着酸、碱、盐等电介质，它们之间发生电化学反应而生成各种化合物，在摩擦过程中不断被除去而引起零件表面物质损失的现象。其特点是磨损速度快。

可燃混合气在气缸内燃烧的过程中，常生成 $CO$、$CO_2$、$SO_2$、$NO_2$ 和气态水，一旦发动机温度较低，气态水遇到低温缸壁变为液态时，$CO$、$CO_2$、$SO_2$ 和 $NO_2$ 可溶入水中形成电解质，在缸壁上发生电化学作用而使缸壁表面腐蚀，此类腐蚀速度的快慢与缸壁温度有关。

冷却水温度低于50℃时，缸壁的磨损速度急剧上升。

（5）微动磨损

微动磨损是指两个接触物体作相对微幅振动而产生的零件表面物质损失的现象。微动磨损是黏着、腐蚀、磨料、疲劳磨损综合作用的结果。

微动磨损经常发生在相对静止的配合副中，如驱动桥壳支承孔与半轴套管配合表面、发动机轴瓦与轴瓦轴承孔配合表面、螺栓连接件、键连接处等。

## 2. 断裂

断裂包括裂纹和折断，是一种最危险的零件失效形式。汽车上90%以上的断裂可归结为由零件疲劳失效造成，如汽车车架的裂纹、曲轴的裂纹与断裂、钢板弹簧的裂纹与折断等。汽车零件的疲劳是在较长时间内，在交变载荷重复作用下导致材料疲劳而引起的。疲劳断裂的零件所承受的应力通常低于材料的抗拉强度甚至低于材料的屈服强度，且为突然发生的脆性断裂。

通常疲劳失效的断口宏观上可分为三个区域：疲劳裂纹源区、疲劳裂纹扩展区和最后断裂区。

（1）疲劳裂纹源区

疲劳裂纹最初的产生是从断裂核开始的。断裂核周围有一相当光滑的微小区域叫作断裂源或疲劳源。疲劳源是疲劳裂纹的起点，它一般发生在零件应力最集中的部位或零件的薄弱部位，如零件的台阶尖角或有划痕、裂纹、非金属夹杂等表面缺陷处，零件内部存在空洞、疏松、脆性夹杂物处，表面强化层与基材结合处等。一个断口上，疲劳源可能不止一个，而有两个或多个，但通常仅有一个会扩展开来。

（2）疲劳裂纹扩展区

该区最典型的特征是有一系列的同心环纹称为疲劳线（疲劳贝纹线）。它是裂纹扩展过程中载荷的性质和大小的变化痕迹。疲劳线与疲劳线之间的间隔距离的大小决定裂纹扩展的速度。疲劳线较密，裂纹的扩展速度慢；裂纹线较疏，裂纹扩展得快。

（3）最后断裂区

当疲劳裂纹扩展到一定程度，达到临界值时，零件的有效截面不能承受工作负荷，则发生快速断裂。

断裂区的面积大小反映了承受载荷的大小。断裂区的面积大，表示断裂时的载荷大，材料的强度低；断裂区的面积小，则表示断裂时的载荷小，材料的强度高。

为避免汽车零件发生疲劳断裂，在汽车维修工作中应注意：①汽车零件机械加工修复时，应保证过渡圆角半径和表面粗糙度达到技术要求；②在零件拆装和存放过程中，避免零件表面发生擦伤和划痕；③在维修检验和检查中，对承受交变载荷的零件应进行无损探伤和监测。

## 3. 变形

汽车零件在长期工作中，由于受到外载荷、工作温度和残余应力的不断作用与影响，使零件的尺寸或形状发生改变的现象，称为零件的变形。变形分为弹性变形和塑性变形两种。

（1）弹性变形

弹性变形是指外力去除后能完全恢复的变形。汽车零部件中，通常经过冷校直的零件（如连杆）经一段时间使用后又发生弯曲，这种现象是由弹性后效所引起的，所以校直后的零件都应进行退火处理。

（2）塑性变形

塑性变形是指外力去除后不能恢复的变形。金属材料塑性变形后在金属中产生内应力，材料的组织结构和性能将随之发生变化，造成金属耐腐蚀性下降，对零件的性能和使用寿命有很大影响。

零件变形失效除了设计、制造方面的缺陷外，还有使用过程中的残余应力、外载荷、温度以及使用维修不当等原因。汽车在使用中因温度引起变形的原因主要是热应力。所谓热应力是指气缸体、缸盖和变速器壳体等零件，在从高温冷却下来的过程中，由于结构厚薄不均，冷却速度不同，收缩有先后，因而在零件内部产生彼此相互制约的力。另外金属材料的弹性极限随温度的升高而降低，所以零件的工作温度越高，越容易引起变形。

汽车零件的变形，特别是各总成基础件如气缸体、气缸盖、曲轴、变速器壳、前后桥等的变形，将导致各零件正常的配合性质被破坏，润滑条件变差，并产生一定的附加载荷，使零件的磨损加剧，使用寿命降低。

为减少变形出现的情况及其对汽车性能的影响，在汽车维修中应注意：①一些易变形零件避免在高温下拆卸，例如：不能在发动机水温较高时拆卸气缸盖及自动变速器温度较高时拆卸液压阀体总成；②在维修中应严格检验零件的变形情况，特别是气缸体、变速器壳和前后桥等基础件的变形情况。

**4. 腐蚀和穴蚀**

（1）腐蚀

金属零件的腐蚀是指表面与周围介质起化学或电化学作用而发生的表面破坏现象。腐蚀损伤总是从金属表面开始，然后或快或慢地往里深入，并使表面的外形发生变化，从而出现不规则形状的凹坑、斑点等破坏区域。

根据腐蚀机理的不同，腐蚀主要分为化学腐蚀、电化学腐蚀两种。

①化学腐蚀

金属与外部介质直接起化学反应而引起零件表面不断腐蚀、脱落而受到破坏的过程称化学腐蚀。外部介质多为非电解质溶液，如干燥空气、有机液体、汽油、润滑剂等。

②电化学腐蚀

金属外表面与周围电介质发生电化学作用而有电流产生的腐蚀称为电化学腐蚀。属于这类腐蚀的有：金属在酸、碱、盐溶液及潮湿空气中的腐蚀。金属与电介质溶液相接触，形成原电池，零件内电极电位较低的部分遭受腐蚀。除上述微观的电化学腐蚀外，还有宏观的电化学腐蚀，如：汽车电器设备中的铜制接头或螺栓与车身车架的紧固处，与水接触就构成原电池，使车架本身遭受腐蚀；铜制节温器与其铝外壳之间的电化学腐蚀等。

为避免或减轻腐蚀危害，在汽车维修中一方面应做好汽车的清洁（含干燥）工作，另一方面应对汽车防腐覆盖层的破损部分及时修补。

（2）穴蚀

穴蚀又称气蚀，多发生在零件与液体接触并有相对运动的条件下。液体与零件接触处的局部压力比其蒸发压力低的情况下将产生气泡，同时溶解在液体中的气体亦可能析出。当气泡流到高压区，压力超过气泡压力时使其溃灭，会瞬间产生极大的冲击力和高温。气泡的形成和溃灭的反复作用，会使零件表面的材料产生疲劳而逐渐脱落，呈麻点状，随后扩展呈泡沫海绵状。严重穴蚀时，其扩展速度很快。穴蚀是一种比较复杂的物理化学破坏现象，它往往不单纯是机械力所造成的破坏，液体的化学及电化学作用，液体中含有磨料等均可加剧这一破坏过程。

汽车发动机的湿式缸套外壁、曲轴轴瓦内表面、水泵叶轮表面和外壳内表面及液压转向助力系统中都可能产生穴蚀。柴油机湿式缸套外壁与冷却水接触的表面产生穴蚀时，往往产生局部聚集的孔穴群。

为避免或减轻穴蚀危害，在汽车维修中应注意：①选用合格气缸套，保证缸套的刚度符合技术要求；②保证缸套在缸体内正确的安装位置，控制缸套在缸体内倾斜偏差；③在技术要求许可范围内，尽可能采用小的活塞—缸套的装配间隙；④加强冷却系维护，保证冷却液管道通畅，并使用合格的冷却液；⑤在液压转向助力器换油时，应排净空气。

## （二）电子元器件的失效

汽车电子元器件的工作环境可概括地归纳为以下几点：温度和湿度的变化范围宽，电源电压波动大，脉冲电压强，电磁相互干扰多，振动与冲击剧烈，尘埃与有害气体侵蚀等。

电子元器件失效的主要形式有元件击穿、元件老化和连接故障三种。

### 1. 元件击穿

元件击穿的原因有很多，主要包括过压击穿、过流击穿和过热击穿。击穿的现象有时表现为短路形式，有时表现为断路形式。由电路故障引起的过压、过流击穿常常是不可以恢复的。

据资料统计，汽车上的电器由于介质击穿造成的损坏大约为85%，而其中约有70%的击穿故障发生在新车上。同时，电容器的击穿又常常会烧坏与其串联的电阻元件。

晶体管的击穿也是一种常见的故障现象。有的晶体管由于元件自身热稳定性差而导致类似于击穿的故障，这种情况称为"热短路"或"热击穿"现象。

### 2. 元件老化

元件老化就是指性能退化。它包括许多现象，如晶体管的漏电增加，电阻值变化，可变电阻不能连续变化，继电器触点烧蚀等。对于继电器这类元件，往往还存在绝缘老化、线圈烧坏、匝间短路、触点抖动，甚至无法调整初始动作电流等故障。

### 3. 连接故障

这类故障主要是指电子器件内部接线松脱，接触不良，潮湿、腐蚀等原因引起的短路、断路或接触电阻增大现象。这类故障一般与元件无关。

## （三）汽车零件磨损特性

磨损是指汽车零件摩擦表面的金属在相对运动过程中不断损失的现象。磨损是由摩擦引起的，一般摩擦越大，磨损越快。为延长汽车零件使用寿命，应在相互运动的零件之间通过润滑减少摩擦，力求使零件的磨损降到最低程度，延长零件的使用寿命。

### 1. 汽车零件的摩擦与润滑

摩擦即相互接触的两个零件在发生相对运动或具有相对运动趋势时，在接触面上产生的阻止相对运动的作用。

根据润滑状况不同，摩擦副表面的摩擦可分为干摩擦、流体摩擦、边界摩擦和混合摩擦四类。

（1）干摩擦

干摩擦是指摩擦副表面之间无任何润滑油或其他润滑介质的摩擦。在干摩擦状态下，两个摩擦表面直接接触，摩擦系数很大，摩擦副表面的磨损剧烈。

在汽车上除需要利用摩擦力来工作的零部件，如离合器摩擦片与压盘和飞轮表面、制动蹄片与制动鼓表面等以外，一般情况下的配合副之间应尽量避免在干摩擦条件下工作。

（2）流体摩擦

流体摩擦又称流体润滑。流体摩擦即两个零件表面被一层润滑油完全隔开的摩擦。在流体摩擦时，由于两个工作表面不直接接触，摩擦只发生在润滑油流体分子之间，摩擦系数相对较小，一般为 0.001~0.01，零件表面磨损速度很小，是一种最理想的摩擦状态。

汽车摩擦副间的流体润滑一般是动液润滑，为建立与维持流体润滑，除供给润滑油外，还必须注意使摩擦面的大小、形状、间隙和相对运动速度等能适应负荷和润滑油性能等条件。

流体摩擦油膜厚度及建立的动压力与摩擦副的配合间隙形状、相对运动速度、润滑油的黏度和外载荷的大小有关。显然，在合适的配合间隙条件下，相对运动速度和润滑油的黏度越大，外载荷越小，越容易形成并能保持完好的流体润滑油膜。

汽车发动机正常稳定运转时，曲轴与轴承表面之间的摩擦就属于流体摩擦。

（3）边界摩擦

边界摩擦是指相对运动的两个摩擦表面被一层极薄的边界膜（几个或十几个分子厚度）隔开的摩擦，边界摩擦也称为边界润滑。

根据结构形式的不同，边界膜可分为吸附膜和反应膜两种。吸附膜是指由润滑油的极性分子吸附在摩擦表面上所形成的油膜。而反应膜是指由润滑油中的化学元素（如润滑油添加剂中的硫、磷、氯等元素）与摩擦表面产生化学反应而生成的化学反应膜。边界膜具有很高的强度，能承受很大的压力，可以有效地防止与摩擦表面的直接接触；当两个零件产生相对运动时，由于相对滑动只发生在两个零件表面上的吸附膜之间，而不是金属与金属之间，从而降低了摩擦系数，零件表面完整的反应膜能有效避免运动副之间发生黏着磨损。边界摩擦的摩擦系数介于干摩擦与流体摩擦之间，一般为 0.03~0.05，其值与润滑剂的黏度、载荷及运动速度无关，主要取决于摩擦表面与润滑剂的特性。

润滑油在摩擦工作面上形成边界膜的能力称为油性。油性好的润滑油易于在金属表面形成边界膜，且边界膜较为稳定。另外应指出的是，无论吸附膜还是反应膜都有一个临界温度，超过其临界温度，边界膜将遭到破坏，摩擦系数将急剧上升。

（4）混合摩擦

实际上，汽车零部件摩擦副工作时，这三种或其中两种摩擦是混合存在的，称为混合摩擦状态。在混合摩擦中，相对运动的摩擦表面一部分发生干摩擦，一部分发生边界摩擦的状态称为半干摩擦；相对运动的摩擦表面一部分发生边界摩擦，一部分发生流体摩擦的状态称为半流体摩擦。随着工作条件的改变，汽车零部件配合副的摩擦状态可相互转化。譬如，长时间停车后重新启动的最初时刻，发动机气缸壁与活塞环摩擦副表面之间，尤其是气缸壁的上部极有可能发生半干摩擦。一旦发动机运转正常，那么两个摩擦表面间可能发生流体摩擦。但活塞运动至行程上止点附近时，在气缸壁、活塞环摩擦副表面间，则可能发生半液体摩擦。

在汽车的使用、维修过程中，应创造条件尽可能使重要的摩擦副如轴与轴承、齿轮、活塞环与气缸等，在理想的流体润滑状态下工作，尽量避免金属直接接触下的干摩擦，从而减少零件的磨损，延长使用寿命。

**2. 汽车零件的磨损特性**

汽车零件在使用过程中，因工作条件不同，引起零件磨损的原因也就有所不同，但各种零件的磨损量与工作时间之间都具有一定的规律，这种规律称为零件的磨损特性。

汽车零件的正常磨损可分为三个阶段。

第一阶段为磨合期。由于新零件及修复件表面较为粗糙，零件形位误差不可避免，新配合副的配合间隙较小，良好的摩擦副形状尚未形成，完整的油膜也难以形成；工作时零件表面的凸起点会划破油膜，在零件表面上产生强烈的刻画、黏接等作用；从零件表面上脱落下来的金属及其氧化物颗粒，会引起严重的磨料磨损。所以，该阶段的磨损速度较快。随着磨合时间的延长，零件的表面质量不断提高，磨损速度也相应降低。

第二阶段为正常工作期。经过磨合期的磨合，零件的表面粗糙度值降低，配合副的配合间隙趋于合理。所以，在正常工作期，零件的磨损速度变得非常缓慢。

第三阶段为极限磨损期。磨损的不断积累，造成配合间隙不断增大。当配合间隙达到极限值时，配合副工作进入极限磨损期。此时油压降低，零件之间的相互冲击增强，正常的润滑条件被破坏，零件的磨损程度急剧上升，设备的性能和精度迅速降低，此时如不及时进行修理或更换磨损零件，会造成严重故障。

降低磨合期的磨损量，减少正常工作期的磨损，能推迟极限磨损期的来临，达到延长零件使用寿命的目的。为此，新车或汽车大修后，各主要总成必须按照一定的工艺程序和技术要求进行磨合，而且在大修（或新车）出厂后，应进行减载、限速走合，并及时进行走合维护。另外，在汽车修理时，必须保证各总成主要配合副的配合间隙在标准范围内，配合间隙过小有可能在磨合期发生非正常磨损，配合间隙过大则会缩短正常工作期允许累积磨损量，这都将严重影响汽车配合副的使用寿命。

# 第二节　汽车故障的诊断方法

## 一、汽车故障症状

汽车故障症状即故障现象，它是指故障的具体表现。现代汽车结构复杂，出现的故障更是五花八门，根据不同类型的标准对其归纳分类，有助于故障成因分析和对出现的问题进行诊断。

## （一）工况异常

工况异常是指汽车的某个部分出现了工作状况不正常的现象。这是一种比较常见的故障症状。例如发动机突然熄火后再发动困难，甚至不能启动；发动机在行驶中动力性突然下降，使行驶无力；行驶中，水箱开锅；制动跑偏；转向沉重；转向灯不亮等。这种故障现象明显，容易察觉，但其原因复杂，而且往往是由渐变到突变，涉及较多的系统。如发动机启动困难，那么故障原因往往涉及发动机启动系统、发动机电控燃油喷射系统及机械部分。因此，在诊断时应认真分析前因后果，不受表明现象迷惑，判明故障发生的根本原因。

## （二）声响异常

有些故障往往可引起汽车发动机或底盘部分的不正常响声，这种故障症状明显，一般可及时发现。一些声响异常的故障能酿成机件的大事故，因而要认真对待。经验表明，凡响声沉重，并伴有明显振抖现象多为恶性故障，应立即熄火，查明原因。造成异响的原因一般有装配不当、零件变形、配合副间隙过大等。造成异响的原因不同，响声的规律也会有所不同，在判断时，应正确分辨、仔细查听。

## （三）系统过热

过热现象通常表现在发动机、变速器、驱动桥、制动器等总成以及一些电器元件上。在正常情况下，无论汽车工作多长时间，这些系统、机构均应保持在一定的工作范围内，超过这个工作范围，为过热故障。如轿车发动机正常冷却液温度为85℃~115℃，超过此温度范围为发动机过热。对于变速器、主减速器、制动器、电器元件，这些部位正常的工作温度为50℃左右，若用手触及感到烫手难忍，即表明该处过热。

## （四）尾气异常

发动机在工作过程中，正常的燃烧生成物是$CO_2$和少量水蒸气，应为无明显颜色的烟雾。若燃烧不正常，烟雾的颜色则发生改变，汽车的排气管将会排出黑烟、蓝烟、白烟，这些不同颜色的烟雾都表明发动机内部存在着某些问题或故障。排黑烟主要是燃料燃烧不完全，含有大量的炭粒、HC、CO；排蓝烟主要是因为机油进入燃烧室参与燃烧所致；排白烟是因为燃油中进水导致的。尾气分析已成为发动机故障诊断的重要依据。

### （五）消耗异常

汽车油液消耗异常，也是汽车故障的一种表现。燃油消耗增多，一般为发动机工作不良或底盘（传动系、制动系）调整不当所致。润滑油消耗异常，除了渗漏原因外，多为发动机存在故障，同时若伴有排蓝烟，一般为润滑油进入燃烧室参与燃烧所致。如果发动机在运行中，机油量有增无减，可能是冷却液或汽油渗入。因此，燃油、润滑油消耗异常是发动机存在故障的一个重要标志。

### （六）气味异常

汽车在运行中，如有制动拖滞、离合器打滑，则会散发出摩擦片的焦臭味；发动机过热、机油或制动液燃烧时，会散发出一种特殊气味；电路断路搭铁导线烧毁也会出现异味。行车中一经发觉，应立即停车查明故障所在。

### （七）失控或抖动

汽车或总成工作时，可能会出现操纵困难或失灵、自身振抖的现象，如定位不正确而出现的前轮摆振或跑偏；由于曲轴或传动轴动平衡不好而产生的发动机或传动系统在运转中的振抖。

### （八）渗漏现象

燃油、润滑油、冷却液、制动液（或压缩空气）、动力转向油的渗漏现象，也是汽车常见的故障。渗漏易造成过热、烧损及转向、制动的失灵。

### （九）外观异常

将汽车停放在平坦路面上，检查外形状况，如有横向或纵向的倾斜，其原因多为车架、车身、悬挂、轮胎等出现异常，一般会引起方向盘行驶不稳、跑偏、轮胎早磨等故障。

## 二、诊断方法

### （一）人工经验诊断

人工经验诊断是诊断人员凭借一定的理论知识和积累的实践经验，利用简单工具诊断汽车故障的一种方法。

人工经验诊断汽车故障的优点是不需要任何仪表器具或其他条件，在任何场合下都可以进行，特别是对汽车运行过程中出现的随机故障，不失为一种行之有效的诊断方法。然而，它只能对故障进行定性的分析，而对于因诸多因素导致的复杂故障则诊断困难。诊断的准确性与速度取决于诊断技术人员的技术水平。人工经验诊断法经过不断的积累、总结和完善，已朝着人工智能分析、逻辑推理的方向发展。在使用本方法时，一般应先了解汽车的使用和维护情况，搞清故障特征及其伴随现象，然后由简到繁、由表及里地进行推理分析，做出判断。其诊断方法大致分为望问法、观察法、听觉法、嗅觉法、触摸法和试验法六种，这里介绍四种。

### 1. 望问法

望问法，即查看和询问。看和问是快速诊断汽车故障的有效方法。除驾驶员诊断自己驾驶的车辆之外，其他人在诊断前，必须先了解车辆的相关情况，包括车辆的型号、使用的年限和行驶里程、使用条件、近期维护修理情况、故障的预兆和现象，以及故障是渐变还是突变、发生故障后做了哪些检查和修理等。此外，车辆的技术档案是一个重要的调查资料和依据。即便是有丰富经验的诊断人员，若不先问清楚车辆的具体情况就着手诊断，难免会出现错误。

### 2. 观察法

观察法，即按照汽车使用者指出的故障发生部位仔细观察故障现象，而后对故障做出判断，这是一种应用最多的、最基本的也是最有效的故障诊断法。例如，观察整车和发动机有无油或水泄漏，有无连接松动，排气颜色是否正常，空气滤清器有无被堵塞，车轮有无偏磨等。在观察的过程中，可以用理论知识和积累的相关经验，做出周密的思考和推论，由表及里，把故障现象看透。

### 3. 听觉法

听觉法，即凭听觉判断汽车或总成在工作时有无异响。汽车运行时，发动机以不同的工况运转，汽车和发动机这个整体发出一种嘈杂却有规律的声音。当某一个部位发生故障时就会出现异常响声，有经验者可以根据车辆发出的异响，准确地判断故障所在。例如，发动机曲轴和连杆机构异响、主减速器异响、传动轴异响等，都可以轻易地判断出来。一个好的维修工或驾驶员应在行车中锻炼听觉，听清汽车各部位发出的声音，并从中判断出异响和故障。

### 4. 嗅觉法

嗅觉法，即凭汽车或总成在运转时所发出的某些特殊气味来判断故障位置。例如，发动机烧机油和发动机燃烧不完全，在发动机排出的废气中会有异味，制动器摩擦片烧损、离合器摩擦片烧损或电线烧毁，会产生非金属停车材料烧烟的特殊气味。汽车运行中一旦发生异味，或者异味较大时应进行检查，以查清故障根源，采取相应的措施，使之消除异味，如是汽车故障则应进行排除或将汽车送修。

## （二）仪器设备诊断

仪器设备诊断是利用仪器和设备（其中包括常用仪器、仪表和专用设备等）诊断汽车故障的方法。

仪器设备诊断是在传统的人工经验诊断的基础上随着社会和科学技术的进步逐渐发展起来的。与人工经验诊断法相比较，其不同点在于：一是要借助于仪器；二是将检查结果定量化。

目前可供利用的仪器设备有：万用表、点火正时灯、气缸压力表、真空表、油压表、声级计、流量计、油耗仪、示波器、气缸漏气量检测仪、曲轴箱窜气量检测仪、气体分析仪、烟度计，以及功能比较齐全的测功机、四轮定位仪、制动试验台、侧滑试验台、发动机综合检测仪、底盘测功机等。这些仪器设备给人们提供了可靠的工具，使汽车故障诊断从定性诊断发展为定量诊断。

现代仪器设备诊断法具有检测速度快、准确性高、能定量分析和可实现快速诊断等优点，而且采用微机控制的现代电子仪器设备能自动分析、判断、存储并打印出汽车各项性能参数。在具备诸多优点的同时，仪器设备诊断法也存在一些不足之处：投资大，需有专用厂房，需要培训操作人员，检测成本高等。这种诊断方法一般适用于汽车检测站和大中型维修企业。使用现代仪器设备诊断法是汽车诊断与检测技术发展的必然趋势。

## （三）替代法诊断

当怀疑某个器件发生故障时，可用一个功能正常的备件去替换该器件，然后进行试验。替换后若故障消失，证明判断正确，确认故障部位就在该处；若故障特征没有变化，证明故障不在此处；若故障有好转但未完全排除，表明除了此处故障外，还可能存在其他故障点，需进一步排查。备件替代法是一种行之有效的常用方法，但此方法要求准备较多的备件，而且还必须和原车零部件型号一致，这样做会使库存增加，加大维修成本，对于中、小型综合修理厂不太适用。

## （四）随车故障自诊断

随车故障自诊断是利用故障自诊断系统调取汽车电控系统的相关故障码，然后根据故障码对应出故障名称及内容，指导维修人员找出故障部位的方法。一般情况下，随车自诊断系统通常只提供与电控系统有关的电气装置或线路故障代码，且只能作出初步诊断结论，具体的故障原因，还需要通过直观诊断或借助简单仪器甚至专用诊断设备进行深入诊断。

随车故障自诊断在汽车电控系统故障诊断中是一种简便快捷的诊断方法，但是其适用的范围和深度远远不能满足实际使用中对故障诊断的要求，常常出现汽车有故障症状而随车故障自诊断系统无故障显示的情况。因此，随车故障自诊断系统并不是万能的，绝对不能有了它就摒弃其他诊断方法，汽车故障的最终排除还是要靠人的经验积累及逻辑思维来完成。

## （五）故障树诊断

对于较复杂的故障，由于导致故障的原因较多，或属于比较少见的故障，因此单靠经验或简单诊断一般情况下解决不了问题，此时必须借助设备仪器、按照一定的方法步骤，对故障进行全面细致的检查和分析，逐步排除可能的故障原因，最终找到真正的故障部位，这就要用故障树诊断法进行诊断。故障树诊断法又称故障树分析法，是将导致系统故障的所有可能原因按树枝状逐级细化的一种故障分析方法。故障树诊断法特别适用于汽车复杂动态系统的故障分析。

应用故障树诊断法的关键是建立故障树。首先在熟悉整个系统的前提下逐步分析导致故障的可能原因，然后将这些原因由总体至局部、由总成到部件、由前到后（按工作关系）逐层排列，最后得出导致该故障的多种原因组合，用框图形式画出，即为故障树。

故障树的结构包括三个部分：

第一层：顶端事件，就是最初的故障症状；

中间层：中间事件，由多层构成，是故障原因的逐步分析；

最底层：底端事件，就是最小故障点，故障的可能原因所在。

采用故障树诊断法的原则是：将原始故障作为顶端事件，把对故障可能原因的分析判断过程作为中间事件，把不能再分解的故障点作为底端事件。通过逻辑关系的逐层分析，最后就可形成某一故障的故障树。故障树在进行实际故障诊断时非常方便实用，可避免诊断时走弯路，也不会出现遗漏。

用故障树诊断法进行故障诊断时应注意，一定要按照导致故障的逻辑关系进行逐步检查分析，否则就会出现遗漏或重复性的工作，甚至出现查不出故障原因的现象。

## （六）故障模拟诊断

在故障诊断中常常遇到偶发性故障，平时没有明显的故障征兆，特殊条件下才偶然出现。这时必须对故障进行深入分析，模拟车辆出现故障时相似的条件和环境，设法使故障特征再现。对于偶发性故障，故障征兆模拟试验是一种行之有效的诊断措施。

在故障征兆模拟试验中，首先必须把可能发生故障的范围缩小，然后再进行故障征兆模拟试验，判断被测试的器件工作是否正常。在减少故障征兆可能性时应参考相关系统的故障诊断表或故障树。

以上各种诊断方法各有其优缺点，每一种故障诊断方法并不能被其他诊断方法完全取代。在实际应用中，应根据客观条件情况，灵活使用各种不同的诊断方法，使它们之间互为补充，以提高汽车故障诊断的准确性。

# 第三节　汽车故障诊断的原则和步骤

## 一、故障诊断的一般原则

### （一）先思后行

故障诊断时，应先对电控汽油喷射发动机的故障现象先进行综合分析，在初步了解故障原因的基础上，再进行故障检查，以避免故障诊断的盲目性。

### （二）先外后内

在发动机出现故障时，要先对电控系统以外的可疑故障部位进行检查。这样，可避免无谓的检查。例如，本来是一个与电控系统无关的故障，却先对电控系统的各个元件、器件、线路等进行复杂的检查，而真正的故障部位却未找到。

### （三）先简后繁

应优先检查那些能以简单方法检查的可疑故障部位。可以利用人的感官，如问、看、触、听、试等直观检查方法，将一些较为明显的故障部位迅速找出来。

## （四）先易后难

发动机的某一故障现象通常是由某些总成或部件引起的，应先对那些常见故障部位进行检查，再对其他不常见的故障部位进行检查。这样，不仅可以迅速排除故障，而且省时省力。

## （五）代码优先

电控汽油喷射发动机出现故障后，通过发动机故障警告灯闪烁向驾驶人员报警。但是对于某些故障，自诊断系统只存储该故障码，并不报警。因此，在对发动机做系统检查前，应先按制造厂提供的方法，读出故障码，再按照故障码的内容排除该故障。

## （六）积累资料

积累资料是指在检修该车型前，应准备好与该车型有关的检修数据资料。除了可以从维修手册、专业书刊上收集整理这些检修数据资料外，另一个有效的途径是随时检测记录无故障车辆的有关参数。这样，通过逐渐积累，可在日后检修同类型车辆时，将这些平时积累的检测参数与实测参数进行比较，为检修时提供参考。

# 二、故障诊断的基本步骤

## （一）填写用户调查表

为了迅速查找出故障发生点，首先要询问用户，了解故障出现时的情况、自然条件、发生过程及检修历史等，然后详细填写维修车辆登记表。此表可与诊断测试结果一起作为查找故障点的依据，同时也可作为检修后验收、结账的参考依据。

## （二）外观初步检查

电控燃油喷射系统的故障大多数是小故障，如线路短路或断路或人为的错装，以及一些传感器、执行器的工作性能参数的失准。

所有进气胶管均不能有破裂，应仔细检查各种卡箍紧固是否适度。

检查各种真空管是否有破裂、扭结、插错。插错真空管会造成发动机怠速不稳，甚至使发动机无规律地出现工作状态不稳定。

喷油器应安装正确，密封圈完好。密封圈安装不到位或密封效果不良会导致漏油，会产生一系列严重后果，如发动机损坏；下部密封不良会导致漏气，使发动机真空度下降，运行不良，还会使进气压力传感器信号增加，喷油量增加，从而致使混合气变浓等。

### （三）故障再现

可根据车主所叙述的故障现象（如有必要可在清除故障代码后）进行行车试验，尽力在车速、负荷、道路条件达到产生故障的条件下驾驶汽车，尽量使故障现象再度显现。然后，从故障表现的形式上，结合外观仔细检查结果，对该车故障有一个初步的诊断。

### （四）启动发动机故障自诊断系统

读取故障码并结合该车故障诊断有关资料查找故障根源。

#### 1. 读取故障码

查阅该车故障码表，掌握故障码的确切含义，确定故障的产生部位。

#### 2. 检查

如无故障码输出（显示正常码）或没有故障码含义注释表，那么可根据故障现象，结合该车型的故障诊断、检修表，按所示故障部位顺序进行检查。

### （五）诊断

用发动机故障检测仪对发动机进行故障诊断，查找故障源。

对已确诊的故障点进行调整、测试、维修；排除故障后，清除故障码，并试车验证故障是否排除。

## 三、汽车故障诊断注意事项

第一，诊断、测试及排除故障时要在绝对保证安全的条件下进行，使用专用诊断仪器时应由不少于两人协同操作。

第二，进行汽车故障诊断时，应尽量避免拆卸零件。

第三，诊断故障前要先搞清故障部位的工作原理及结构类型，做到心中有数。对于重要系统（如电控系统），若无生产厂家详细维修资料时，最好不要随意动手维修。

第四，故障的判断要有充分的依据，不要乱拆、乱接、乱试，否则不但排除不了故障，反而有可能造成新的故障或损坏。

第五，有些故障与汽车及各总成的工作原理没有任何关系，而要根据经验来判断，特别是长期维修某一车型的技术人员，有时只听故障现象介绍就可以准确判断故障部位及原因。因此，在进行故障判断时，不要总往复杂方面想，应从简到繁、由表及里、逐步深入。

第六，电控系统发生故障时，一般应先查是否存在油路堵塞、导线接触不良等故障，不要轻易怀疑是电控系统元件（特别是 ECU）故障，主要原因是电控系统工作较为可靠，出现故障的可能性一般很小。

第七，某些对汽车总成或零部件有伤害的故障不要长时间或反复测试，否则会进一步加剧故障，造成更大的损失。

第八，分析时要追究导致故障产生的深层原因，不要头疼医头、脚疼医脚，否则，会导致故障的反复出现。

第九，对配合件，在拆卸时要注意装配记号及安装方向。若原来没有或看不清装配记号，应重新做标记。安装时一定要按记号装配。

第十，过盈配合件应尽量采用拉拔器等专用工具拆装，无专用工具时应垫上软金属或木块后再击打，不能直接用榔头击打，以免造成零件变形。

第十一，装拧螺栓时，应分数次交叉、对称、均匀地按规定力矩拧紧，以免零件变形或结合不牢。装配完毕后，有锁销的应戴上锁销。

第十二，装配完毕后，应清点诊断过程中所使用的工具、仪器、抹布等是否齐全（特别是垫片之类的零件），以防不慎掉入机器内部或卡在其他地方（特别是旋转的地方），从而造成机件损伤甚至人员受伤。

# 第二章 汽车故障诊断设备

## 第一节 汽车故障诊断的一般仪器与工具

### 一、跨接线

跨接线就是一段多股导线，它的两端分别接有鳄鱼夹或不同形式的插头，主要用于诊断和解决电路故障（旁通某一部分电路）。维修人员的工具箱内必须有多种形式的跨接线，以用作特定位置的测量。

跨接线虽然比较简单，但却是非常实用的工具，它的作用是起一个旁通电路的作用。如某一电气部件不工作，首先将跨接线连接在被试验部件接线点"–"与车身搭铁之间，此时如果部件工作，说明部件搭铁线路断路；如搭铁电路很好，就将跨接线连接在蓄电池"+"与被试部件的电源接线柱之间，此时如果部件工作，说明部件电源电路有故障（断路或短路），如部件仍不工作，说明部件有故障。

使用注意事项：

第一，用跨接线将电源电压加至试验部件之前，必须先确认被试验部件的电源电压是否应为12V。如有的喷油器电源电压为4V，若加上12V电压就可能使喷油器损坏。

第二，跨接线不可错误连接在试验部件"+"接头与搭铁之间。

### 二、测试灯

测试灯由试灯、导线和各种型号端头三部分组成。它主要用来检查系统电源电路是否给用电部件提供电源。

#### （一）无电源测试灯

测试电路时，将12V测试灯一端搭铁，另一端连接电气部件电源接头。如灯亮，说明电气部件的电源电路无故障；如灯不亮，再连接至电源的第二个接线点，如灯亮，则故障在第一接点与第二接点之间，电路出现的是断路故障。如灯仍不亮，则再去接第三接点，以此类推，直到灯亮为止。且若故障在最后被测接头与上一个被测接点间的电路上，大多为断路故障。

### （二）自带电源测试灯

自带电源测试灯与 12V 测试灯类似，它只是在手柄内加装两节 1.5V 干电池，用来检查电气电路断路和短路故障。

#### 1. 断路检查

首先断开与电气部件相连接的电源电路，将测试灯一端搭铁，另一端连接电路各接点（从电路首端开始）。如果灯不亮，则断路出现在被测点与搭铁之间，如灯亮，断路则出现在此时被测点与上一个被测点之间。

#### 2. 短路检查

首先断开电气部件电路的电源线和搭铁线，测试灯一端搭铁，另一端与余下电气部件电路相连接，如灯亮，表示有短路故障（搭铁）存在，然后逐步将电路中插接器脱开，开关打开，拆除部件等，直到灯灭为止，而短路就出现在最后开路部件与上一个开路部件之间。

使用注意事项：不可用测试灯检查汽车电子控制系统，除非维修手册中有特殊说明，方可进行。

## 三、压力表

压力表是一种用来检测被测试系统压力的测量仪器，常用汽车压力表有四种：气缸压力表、真空表、燃油压力表和轮胎气压表。

### （一）气缸压力表

气缸压力表是用来测量气缸内压缩终了时压力的专用工具，由其测量的气缸最大压缩压力来判断气缸密封性的好坏。根据气缸压力表的测量范围不同，可分为 0~1.4MPa（汽油机）和 0~4.9MPa（柴油机）两种；按其形式不同，可分为推入式和螺纹接口式两种。

在测量气缸压力（以汽油机为例）时，可按以下方法进行：

第一，启动发动机并运转到正常工作温度，旋下汽油机所有气缸的火花塞并拔掉喷油器插头。

第二，节气门全开。

第三，将气缸压力表装在被测试的气缸火花塞孔上。

第四，用起动机带动曲轴转动，大概转动 5~6 圈，待表头指针指示并保持最大压力后停止转动。

第五，取下压力表，记下读数，按下放气阀，使指针回零。

第六，按上述方法依次测量各缸，每缸测量次数不少于两次。

大修后的发动机气缸压缩压力应符合原设计规定——标准值。在用发动机气缸压力不得低于标准值的 25%，汽油机各缸压力差不超过各缸平均压力的 8%，否则发动机应大修。

### （二）真空表

真空表是用于测量发动机进气管内负压力（真空度）的工具。检测进气管真空度时，应将真空表接在节气门的后方，汽油机在正常状态下，按规定的怠速值无负荷运转，然后拆下空气滤清器，查看真空表的读数和指示状态。改变发动机的转速，观察真空度的变化情况，根据真空度值的变化，分析和判断发动机不同工况下的技术状况。

### （三）燃油压力表

燃油压力表是用来检测燃油供给和喷射系统油压的专用工具，是对燃油系统进行检查和故障诊断的常用工具。通过测试系统燃油压力，可以诊断燃油系统是否有故障，进而根据测试结果确定故障性质和部位。

### （四）轮胎气压表

轮胎气压表主要用于给汽车轮胎充气、放气、测压等，是车辆轮胎安全性的重要识别工具。使用时将气嘴接头紧压到轮胎气门嘴上，使气门芯被压紧，查看指示器的读数即为轮胎气压。

在测量时，必须注意气压表与气门嘴对准，不要有漏气现象，否则测出的数值不准。表上显示的数值为轮胎压力。读数完成后，按下放气阀使气压表指针回零。在未能熟练地测量胎压前，可多测几次以保证读数正确。

## 四、听诊器

听诊器是一种用于诊断机械设备故障的工具，用来监听齿轮、阀门、通风口等处的噪声。利用听诊器可以快速检查汽车发动机异响、车身异响、底盘异响，正确判断出故障点。如果为听诊器配备各式专用传感器还可扩宽其应用范围，能够在不同的检测环境下使用。

## 五、汽车专用万用表

汽车专用万用表在普通数字式万用表的基础上增加了一些特殊功能，汽车专用万用表除可用来测量电控元器件和电路的电阻、电压、电流外，一般还能测量转速、闭合角、频宽比（占空比）、频率、压力、时间、电容、温度、半导体元件等项目，并具有自动断电、自动量程变换、波形显示、峰值保留和数据锁定等功能。

### （一）万用表功能介绍

常用的汽车专用万用表有 EDA 系列、OTC 系列、KY1300 型、迪威 9406A 型等。汽车专用万用表主要由数字及模拟量显示器、功能按钮、功能选择开关、测量温度插座、公用插座（用于测量电压、电阻、频率、闭合角、频宽比和转速等）、公共接地插座、测量电流插座等部分组成。

第一，数字显示：开机后，先进行自检，所有内容都将在屏幕上显示（每秒更换 4次）。

第二，条形显示图：条形显示图每秒更新 20 次，在数据变化较快的情况下，该显示图比较方便。

注意：条形图在测量转速、脉宽、闭合角、占空比和频率时不显示。

第三，ON/OFF：仪器开关键。

第四，DC/AC：交/直流选择键（测量转速时为两冲程/四冲程发动机选择键）。

第五，RANGE（CYL）：手动/自动模式选择键。仪器默认自动模式，手动模式需选择。

欲退出手动模式，按住该键 2 秒，仪器可回到自动模式；测量闭合角时，可用该按钮选择发动机的缸数（最多到 8 缸）。

第六，HOLD（Dewll Duly％Hz）：可自动捕捉稳定读数。测量脉宽时，按该键测量闭合角；测量占空比时，按该键后百分号（％），结果将显示在屏幕上。用该键可逐一选择脉宽、闭合角、占空比和频率测量模式，按其他键则退出这些模式。

第七，TRIG：当测量脉宽、闭合角、占空比或汽车频率时，在正极和负极之间触发。按住按钮 2 秒，即改变触发方向。触发方向的"＋"或"－"的指示标志在屏幕左下角显示。默认的模式为负向触发。如果读数过高或不稳定，重复按这个按钮则调整触发水平。

第八，功能滚轮：选择测试功能。

第九，CE：代表 CE 认证。

第十，COM 插口：黑色表笔插口。

第十一，RPM、V、Q、Hz 插口：红色表笔插口。

第十二，电压极限标识（CATⅢ 600VMAX）：（13）AC：交流测试显示。

第十三，-：负极输入显示。

第十四，AT：选择自动适应量程时显示。

第十五，8：在转速、脉宽、闭合角或占空比测试模式下显示触发级别。

第十六，TRIG：在转速、脉宽、闭合角或占空比测试模式下显示触发斜率方向（默认为负极触发）。此外，当调整条形图的触发水平时也会显示。

第十七，±：正/负极触发指示。

第十八，0.F.L：输入数据过大指示。

第十九，BAT：电池电压过低指示。

第二十，蜂鸣符号：连续测试功能时显示。

第二十一，HOLD：保持所选定模式时指示。

第二十二，8STR：转速测量时 2 或 4 冲程指示（用 STR 按钮选择 2 或 4 冲程）。

第二十三，8 CYL：在转速或闭合角测量模式下，显示被测发动机的缸数。

第二十四，DWL°：闭合角测量指示。

第二十五，%：占空比测量指示。

第二十六，ms（毫秒）：脉宽测量指示。

第二十七，MkΩHz：测量值的单位显示。

第二十八，RPM：转速测量指示。

第二十九，ANALOG DISPLAY SCALE：条形图的刻度显示。

## （二）万用表的使用

### 1. 开机

3514 万用表有两种开机方式：待机模式与屏幕持续打开模式。

（1）待机模式

若万用表在开机状态下 20 分钟内未被使用，则自动进入待机模式。在待机模式下，屏幕上的 BAT 会不停地闪动，其他功能将被关闭，以节省电能，延长电池使用寿命。若要继续使用，按任意键则进入测试模式。

（2）屏幕持续打开模式

万用表每次开机，所有屏幕显示内容将显示2秒钟进行自检。若想让显示屏显示所有内容，按住ON/OFF键打开万用表，同时持续按RANGE键即可。

### 2. 转速测量

将该万用表附件中的转速感应钳夹在分缸高压线上，利用电磁感应原理，即可测量发动机的转速。具体方法是：先旋动滚轮选择到电阻转速挡（RPM），然后用AC/DC键选择发动机的冲程数，确认搭铁端与万用表的COM插口连接后，将转速感应钳夹在分缸高压线上。如果没有读数或读数不稳定，可采取以下几种措施：①取下感应钳换个方向重新夹装。②换到另一条高压线上。③将感应钳移近火花塞（距火花塞15.2cm内）。

由于点火系统的次级高压会对人体造成电击伤、电烧伤等伤害，因此在夹装和拆下转速感应钳时，最好关闭发动机。此外，感应钳还应远离分电器和排气歧管。

### 3. 电流测量

在电流比较高且不要求十分准确测量的情况下，可使用电流钳测量线路的电流。电流钳测电流也是利用电磁感应的原理进行的。

常用的电流钳有两种，一种只能测量交流电流；另一种交、直流电流都可测量。

3514万用表的电流钳可以测量1～1000A的电流。使用时把电流钳与万用表的"V"和"COM"插口进行连接，万用表选择"mV"挡。其操作方法与转速感应钳相同。

3514万用表的电流值是用电压单位显示的，屏幕显示1mV就代表电流是1A，如果显示100mV，则代表线路中的电流是100A。

3514万用表可以选装交直流电流钳。

### 4. 电压测量

准备时，旋动滚轮选择电压挡（V或者mV），用AC/DC键选择交流或直流，黑色表笔插入COM插口，红色表笔插入RPM、V、Ω、Hz插口。测量时，黑色表笔与电路负极连接搭铁，红色表笔与电路正极连接搭铁。

注意：①在进行电压测量时，万用表必须和被测电路并联测试。②该万用表测量的电压值最高为600V。③选择正确的量程对测试很重要。选择低量程会增加小数点位数，提高读数的准确性。④若屏幕显示OFL，说明选择的量程过低，需要选择较高的量程。⑤当屏幕数字变化比较快时，通过条形图很容易观察，此时可用模拟条形图显示。⑥对于测量有趋势性或方向性的数据，模拟条形图也非常有用。

### 5. 电阻测量

准备时，旋动滚轮选择电阻（Ω）挡，用 RANGE 键选择正确的量程，黑色表笔插入 COM 插口，红色表笔插入 RPM、V、2、Hz 插口。

测量时，将万用表的两个表笔与电阻或被测导线的两端连接，即可进行读数。

注意：①如果有外部电压或残留电压存在，将不能准确测量电阻。因此，测量电阻时，要切断电路电源，并把电容的电放掉。②如果显示的数据变化很快，应选择高一级的量程。③量程选择得越合适，测量的结果就越准确。

### 6. 电路通、断测量

3514 万用表在测量电路通、断时提供警示铃声，使用者可以方便快捷地得到测量结果。万用表在测量到回路闭合或电路短路时会自动报警，因此操作者在测量时无须观看万用表。这个功能在检测诸如熔断丝的好坏、导体和导线是开路还是短路、开关的情况等时，非常有用。

准备时，旋动滚轮选择电阻（Ω）挡，按下 AC/DC 键选择通断范围。当标志显示在屏幕上的时候，万用表默认的量程是 400Ω。黑色表笔插入 COM 插口，红色表笔插入 RPM、V、Ω、Hz 插口。

测试时，将万用表的两个表笔与电阻或被测导线的两端连接。如果电路闭合，测量值小于 100Ω 时万用表报警；如果电路开路，万用表不报警。

注意：①测量时要关闭电路电源。②有警示铃声不代表电阻是零。

### 7. 脉宽测量

脉宽就是执行器打开的时间长度。例如，发动机控制模块发出脉冲电流控制喷油器打开的时间，这个脉冲电流产生一个电磁场，吸起阀芯，打开喷油器，脉冲电流结束后，喷油器关闭，喷油器由开到关的时间就是喷油脉宽，用毫秒（ms）计量。

准备时，旋动滚轮选择脉宽（ms-pulse）挡，黑色表笔插入 COM 插口，红色表笔插入 RPM、V、Ω、Hz 插口，如图 2-1 所示。

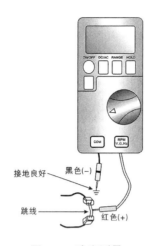

图 2-1 脉宽测量

测量时，按下±TRIG 键 2s，直到-TRIG 显示在屏幕左下方。黑色表笔与执行器的负极连接或与蓄电池的负极连接，红色表笔与执行器的正极连线相接。启动发动机，脉宽将以毫秒的单位显示。如果读数过高或不稳定，按下±TRIG 键，可调整触发范围。

8. **闭合角测量**

闭合角是指分电器分火头触点闭合的角度。

准备时，旋动滚轮选择 ms - pulse 挡，按下 HOLD（DWELL）键，直到屏幕显示"DWL°、CYL、TRIG、-"，再将黑色表笔插入 COM 插口，红色表笔插入 RPM、V、Ω、Hz 插口，如图 2-2 所示。

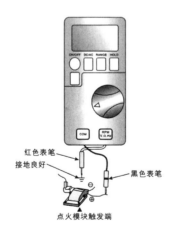

图 2-2 闭合角测量

测量时，红色表笔搭铁或与蓄电池负极相连，黑色表笔与点火模块低压正极相连。用 CYL（RANGE）键选择发动机缸数（此状态下默认的是四缸发动机）。然后启动发动机，观察读数。如果读数过高或不稳定，按下±TRIG 键进行触发调整。

### 9. 占空比测量

汽车上的许多信号都需要进行占空比的测量与控制。占空比是指控制信号的正值电压维持时间与负值电压维持时间之比,即所控制对象的打开与关闭时间之比。

准备时,旋动滚轮选择脉宽挡,并按 HOLD(DUTY%)键直到%显示在屏幕上。将黑色表笔插入 COM 插口,红色表笔插入 RPM、V、Ω、Hz 插口。

测试时,黑色表笔搭铁或与蓄电池负极相连,红色表笔获取被测对象的信号电压,按下+TRIG 键 2s,使触发由负极到正极,然后读取占空比。汽车上电控元件的占空比一般在 50%～70%之间。在实际检测中,每个电控元件占空比的具体数值需查看生产厂家的维修手册。

# 第二节　汽车故障诊断专用设备与检测

## 一、电眼睛 X-431 诊断仪

电眼睛 X-431 诊断仪是最新一代的汽车故障诊断计算机,率先采用了开放式汽车诊断"平台"技术。开放式诊断平台,可与计算机联机,支持随机打印,全中文操作,触摸屏,随机有帮助信息,操作简单易学。

### (一)仪器简介

电眼睛 X-431 诊断仪主要由测试主机、随机外挂打印机、诊断测试盒三部分组成。X-431 的三大件可以分开,它们具有各自独立的功能和作用,可根据需要和配置情况进行工作。除此之外,X-431 还配有一些进行汽车诊断所需的附件,如测试主线、电源线、开关电源、CF 卡、CF 卡读写器以及各种测试接头等。

主机正面有带触摸屏的 LCD 显示器和开机、关机微动按键。左侧装有 CF 卡,右侧设有 RS-232 串口、RJ-45 电话线接口、外接键盘接口、耳机接口。主机可单独使用,在它单独使用时,就是一台标准的手持计算机,具备如个人数据管理、游戏等功能。诊断测试盒担负着汽车诊断的主要功能,可以网上下载升级,不用像以前的解码器那样必须换卡才能完成升级。打印机与主机以标准接口相连,用于打印测试结果。诊断测试盒分拆后,可用作 PC 的上位机进行诊断,也就是说在不用主机的情况下,同 PC 配合相应的软件也可进行诊断,这种软件可直接从网上下载。

## （二）操作方法

**1. X-431 的开/关机**

接通主机电源，按下 X-431 正面下方的电源（POWER ON）键，系统启动；按住 POWER ON 键片刻即可关闭主机。

操作界面说明

（1）"开始"（Start）按钮

单击后弹出开始菜单，X-431 LCD 显示器（触摸屏）操作界面如图 2-3 所示。

（2）活动任务栏

可显示和切换正在执行的程序。

（3）背光灯

点亮或关闭背光灯。

（4）软键盘

弹出软键盘，有三种输入方式可供选择：笔画输入法、英文输入法、拼音输入法。

图 2-3　X-431 LCD 显示器（触摸屏）操作界面

**2. 测试的基本步骤**

（1）选择测试接头

在进行测试时，测试接头的一端与电眼睛 X-431 主电缆线相连，另一端与汽车电控系统诊断座相连。诊断座、接头的规格很多，根据车系和年代的不同而异，甚至同一种车系的不同车型，其诊断座类型也可能有所不同，因此应根据具体车型正确选择诊断测试接头。

（2）连接电眼睛 X-431 故障诊断仪

完成测试准备工作并选择好测试接头后，即可连接电眼睛 X-431。

①将电眼睛测试主线一端插入电眼睛 X-431 输入插口内，另一端与测试接头相连接。

②将测试接头的一端插入汽车电控系统诊断座内。

③将双钳电源线的红色鳄鱼夹接电瓶的正极接线柱，黑色鳄鱼夹接电瓶的负极接线柱，以获取电源。如果诊断座是不带电源的，则还需将汽车点烟器取下，并将点烟器线插入点烟器内。

④仪器通电后将进行自检，如果屏幕显示系统正常，则可以开始进行测试。

⑤在屏幕左下角单击开始菜单后，将弹出一个子菜单，可选择测试项目。

⑥根据屏幕提示进行车型、年款、发动机型号等各项选择。

⑦选择测试项目（如读取故障码或读取数据流等）。

⑧根据屏幕提示进行各项操作。

### 3. 使用注意事项

第一，连接电眼睛 X-431 时，应先关闭点火开关；断开时，应先退出系统再关闭点火开关。

第二，仪器的使用必须在通风良好的环境下，并且操作场所严禁烟火。

## 二、K80 多功能诊断仪

K80 多功能诊断仪将汽车解码器和发动机分析仪技术有机地结合于一体，其强大的功能成为金德仪器中最有代表性的顶级型产品。其不但具有解码器功能，还可检测发动机各系统的工作状态和运行参数，实时采集点火、喷油、电控系统及其传感器的数据等，同时可进行数值测定、性能分析、波形存储及回放等，它为发动机的技术状态判断和故障诊断提供了科学依据。

### （一）仪器简介

K80 包括主机 1 件，专用接头 6 个，安装光盘 1 套，测试延长线 1 条，串行通信线 1 条，系统自检接头 1 个，汽车点烟器接头 1 根，汽车电瓶鳄鱼夹 1 套，电源延长线 1 条。

### 1. 主机

主机装载有测试程序，连接上汽车的诊断座，通过操作面板上的相关功能键，可以和汽车的电控系统通信，具有读故障码，清除故障码，读数据流，动作测试等各项诊断功能。

### 2. 专用接头

针对不同的汽车诊断座，要选择相应的接头和汽车诊断座连接。金德 K80 一共配置了 20 个测试接头，奇瑞/吉利单点电喷接头、本田专用接头、克莱斯勒 2 号接头丰田方形专用接头、克莱斯勒 1 号接头日产专用接头、奔驰 38 孔 1 号专用接头、奔驰 38 孔 2 号专用接头、三菱 12+16p 专用接头、现代/三菱 12p 专用接头、宝马专用接头、丰田圆形专用接头、马自达专用接头、福特专用接头、通用专用接头、奥迪专用接头、国产微型专用接头、夏利/吉利四缸多点电喷专用接头，可以对国内外主流车系进行诊断连接。

### 3. 安装光盘

安装光盘包含仪器的驱动程序、使用手册和可能的附加软件。用户可以通过光盘安装必要的软件，以便更好地管理和使用 K80 仪器。

### 4. 测试延长线

测试延长线是连接主机和专用接头的通信线。

### 5. 串行通信线

串行通信线是连接主机和个人计算机的通信线，可以实现升级等数据传输。

### 6. 系统自检接头

系统自检接头可以对设备本身的硬件进行检测。

### 7. 汽车点烟器接头、汽车电瓶鳄鱼夹和电源延长线

有些车型诊断座不带电源，可以通过连接汽车电瓶或者点烟器为设备提供电源。

K80 多功能诊断仪可检测亚、欧、美各大车系 4000 多款汽车的故障码；集各种专用解码器于一身；读码、清码瞬间完成；测试性能完全可以与多种原厂仪器相媲美。全面实现动态数据流测试、元器件控制，判断故障快速、准确。与计算机连接，可实现金德台式解码器 PC2000 的所有功能。

## （二）操作方法

金德 K80 操作面板简洁明了，操作方便，数字输入更迅速，而且在使用过程中每一步操作都有提示，只要按照提示操作就可以了。

### 1. 连接仪器

在测试车辆时，根据被测试车型和该测试车的诊断座形式选择合适的测试接头，用测

试延长线将金德K80与测试接头连接起来并连接到测试车的诊断座；如果诊断座不提供电源，则断开测试延长线，选择点烟器接头或者电瓶接头，连接电源延长线并接到DC12V电源端口，然后接上测试延长线。具体连接方法如图2-4所示。

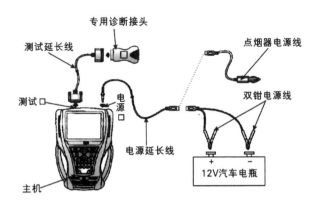

图 2-4　K80 测试连接方法

### 2. 仪器自检

按"POWER"键，K80将进行自检，自检结束后按"ENTER"键确认。如果用户没有对仪器进行注册，该仪器的使用次数是有一定限制的，此时屏幕会显示一段提示信息，提示用户及时注册并显示该仪器剩余使用次数，按"ENTER"键进入开机等待画面，等待20秒或者直接按"ENTER"键进入主菜单界面，如图2-5所示，一共有四个功能选项：汽车检测；示波器；辅助功能；升级系统。

图 2-5　K80 主菜单画面

下面以汽车检测为例简述其使用方法：

按上下方向键可以选择功能，然后按"ENTER"键，就可以进入下一级菜单。

（1）选择"汽车检测"功能

按"ENTER"键进入，显示屏显示内容如图2-6所示，一共有四个功能选项：故障测试、设备自检、测试演示、音响解码。

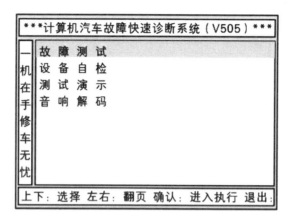

图 2-6 选择"汽车检测"显示

（2）故障测试

"故障测试"功能可对欧、亚、美的主流车型电控系统进行故障诊断，视具体车型有读故障码、清除故障码、读数据流、执行元件动作测试等多种诊断方法。

（3）设备自检

"设备自检"功能是金德仪器的特色功能，通过设备自检可以对设备的硬件加以诊断，按上、下方向键选择"设备自检"，按"ENTER"键进入，有两项功能可以选择：端口功能测试和端口数据读取。

进行设备自检的连接有两种方式：一种是主机自检；另一种是主机带测试延长线自检。前者可以测试主机硬件是否有故障，如果无故障，可以采用后一种方式，检测测试延长线是否有故障。

（4）测试演示

如果对故障测试的基本步骤不是很清楚，可以通过"测试演示"功能了解本设备对车辆进行诊断的具体操作步骤。按"ENTER"键进入，会出现一个宝马汽车的测试演示程序，只要按照屏幕提示按键就可以了，按"ENTER"键返回上级菜单。

（5）音响解码

进入汽车检测的主功能界面，按上下方向键选择"音响解码"，按确认键进入。利用此项功能，可以方便快捷地查看常见车型的音响密码输入方法和汽车音响常用知识及应用技巧。

（三）使用注意事项

第一，应在适合的气温条件下使用仪器，正常工作环境为：-10℃～50℃，相对湿度

≤90%，工作电压：12V（±20%）。

第二，操作仪器时，尽量不要用手触摸仪器的金属接口。

第三，用仪器检测汽车之前，要先接上仪器的电源，再连接诊断座，这样可以让静电通过电源线释放掉，从而防止静电损坏接口的元件。

第四，电器元件通电时，切忌断开电路，以防自感、互感击坏传感器及计算机。

第五，在检测汽车时不要在附近使用手持电话、对讲机以及吸尘器之类的电器，以免影响检测结果。

第六，拆装车载计算机或电器元件时，须在关闭点火开关10分钟后才能进行。

## 三、汽车专用示波器

汽车专用示波器主要用来测试汽车电控系统各传感器工作时的实际输出波形、点火波形等，它能将在汽车工作中随时间变化的各种电量（指电压、电流等）进行显示和记录，通过与标准波形的比较，不但能进行电路系统整体运行状态的分析，而且还能进行某一段电路或某一电器元件的故障分析。

汽车专用示波器主要功能有：电源电压波形测试；点火波形测试；各传感器波形测试；电控系统各执行器电压波形测试。现代汽车专用示波器的功能往往更加强大，有些还带有万用表功能和诊断数据库，甚至还带有解码功能，使汽车故障的检测诊断更加方便、快捷、准确。下面以 MT2400 型示波器为例，讲述示波器的结构和使用方法，如图 2-7 所示。

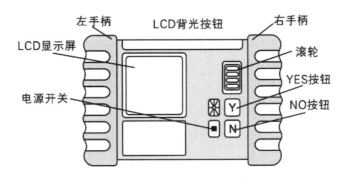

图 2-7 MT2400 型汽车专用示波器外形

### （一）MT2400 型示波器简介

第一，该示波器有 1 个用于显示数据的液晶显示屏和 4 个按钮、1 个滚轮。4 个按钮分别是：显示屏幕背景灯的开关按钮、电源开关按钮、用于确定选项的"Y"按钮、用于否定或后退一步的"N"按钮。

第二，调节及选项①调整显示屏亮度：按下显示屏背景灯按钮，缓慢旋动滚轮直至满意为止。②选项：在分项菜单状态下，旋动滚轮，可移动屏幕上的光标到所需选项。③按键功能：按下电源开关，可打开 MT2400 型专用示波器；关闭时，按住电源开关并保持，直至仪器关闭为止；可在常规设置中，设置为一段时间未操作时，仪器自动关闭；"Y"键用来激活菜单，确定选项；"N"键用于放弃选择或退出选项。

单击按钮或者在测试帮助信息结束后，追踪到最大或最小值时，蜂鸣器就会发出声响。

第三，该示波器有 5 个测试通道接口和 1 个串行打印机接口，其中两个测试通道 CH3、CH4 可通过一个 9 脚的 mini-DIN 连接器，与压力表和 KV 级模块系统连接，如图 2-8 所示。

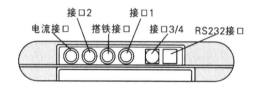

图 2-8　MT2400 型汽车专用示波器测试接口说明

根据通道的选择，该示波器可检测出以下内容：直流电流、直流电压、交流电压、电阻、频率、脉宽、压力、真空度、转速、次级电压、循环频率等数值，还可测试其连续性及二极管的压降。

第四，诊断数据库资料：可提供传感器、执行元件、控制信号的测试以及制造商和各系统的信息，如一般元件的工作原理、技术参数、接头位置、正常波形显示等。

第五，该仪器有熔断丝以保护内部线路，机壳侧面有熔断丝、电池、记忆卡及更换说明。

## （二）使用方法

### 1. 元件测试设置

打开 MT2400 示波器时，屏幕上会显示出版权及主菜单，如图 2-9 所示，供浏览选择。

```
┌─────────────────────────┐
│         主选单           │
├─────────────────────────┤
│ 元件测试性能特征及优越性  │
│ 万用表常规设置           │
│ 波形显示怎样……          │
│ 存储屏幕A～Z的索引       │
│ 使用者测试               │
│ 用户设定                 │
└─────────────────────────┘
```

图 2-9　MT2400 示波器主菜单

### 2. 选择车系

从主选单通过滚轮选择元件测试项，确定后仪器将会列出所选车系：克莱斯勒、福特、通用、吉普、奥迪、宝马、本田、现代、马自达等。按下"ENTER"键进入选择车系。

### 3. 选择车型

旋动滚轮选择待测车辆的具体车型，按"ENTER"键进入选择车型。若要改变车系可按"N"键返回车系选择显示。

### 4. 选择燃油喷射系统

按确定键进入生产年款选择、发动机形式选择，选好后按"ENTER"键返回主选单。

### 5. 进行元件测试性能选项

按"ENTER"键进入元件选项，包括凸轮轴位置传感器、冷却液温度传感器、活性炭罐电磁阀、燃油压力、进气温度传感器、点火控制模式、喷油器、爆震传感器、空气流量传感器、氧传感器、转速传感器、节气门阀控制模式、故障诊断代码电路、旧术语、缩写应用等，用"ENTER"键即可选定测试项目。

### 6. 选择凸轮轴位置传感器

按"ENTER"键进入凸轮轴位置传感器测试项目，可显示原理、位置、线路连接等。依次选择这些项目，仪器将提示传感器的原理、位置、线路连接及进行测试。例如：当选择测试项时，仪器会自动进入万用表功能，显示数据测试。旋转滚轮，并按下"Y"键，可选定所需选单；按下"N"键，可实现万用表功能和测试帮助信息之间的切换；若欲退出测试功能并返回到元件测试性能选择菜单，首先应转动滚轮，使屏幕正文进入测试帮助状态，按"N"键即可。

### 7. 其他项目测试

其他传感器的测试与上述步骤类似，详细情况可参考仪器说明书。

### 8. 万用表功能

在主菜单中选择进入万用表使用模式后，该示波器即可作为独立的万用表使用。在万用表使用模式下有全屏幕显示和半屏幕显示两种显示方式。全屏幕显示时有4种主要检测模式，即图形显示、数字显示、单独显示和双重显示；在半屏幕显示时，可用做兼有元件测试功能的万用表使用，此时有5种检测模式，即数字显示、图形显示、单独显示、双重显示和全屏显示。

### 9. 万用表状态图形模式

在万用表状态下的图形模式中，可显示测试波形（与示波器的示波功能类似）。显示时 X 轴为时间坐标轴，Y 轴为测试上限，上、下限可通过将光标移动到屏幕的适当位置，然后转动转轮选择其大小值的方式来改变。

### 10. 双重显示

双重显示方式能显示两个波形，可同时进行两组读数、两组波形或一组读数与一组波形的比较。

### 11. 操作设定

在主菜单上可进行操作设定，以便根据需要改变仪器的功能。操作设定包括断电定时设定、背光定时设定、对比度调节、英—公制切换、转换夹选择、最大及最小值声响报警、打印机及波特率设定等。

## （三）使用注意事项

在操作 MT2400 型示波器之前，首先应充分熟悉以下安全操作说明，以确保人身及仪器的安全，避免损坏 MT2400 主机或其他附件，造成不必要的损失。

第一，更换电池、熔断丝、数据资料卡之前，一定要关掉仪器电源，并拔掉所有测试表笔及连接线。

第二，操作仪器时，应确保仪器两端的黑色橡胶保护套安装完好。

第三，测试电流和电压时，不可超过仪器规定的最大测试值。

第四，仪器的任何测试输入端和搭铁端均不可加载 250V 以上的交、直流信号。

第五，更换的熔断丝必须是 10A、32V 规格，否则可能会损坏仪器或影响正常使用。

第六，测试 60V 以上的直流信号或 24V 以上的交流信号时，要特别注意测试时间不能过长，否则可能造成仪器损坏。

第七，不可在有可燃性或爆炸性气体的环境下使用 MT2400。

第八，测量电压值时，必须保证电流测试孔不插任何测试笔。

第九，在转换测试功能前，一定要先将表笔从当前测试电路中断开，断开顺序为先拆除红色或蓝色表笔，再拆除黑色表笔。

第十，在量取电阻值时，一定要先将待测元件从电路中断开。

第十一，启动发动机进行测试前，要将变速杆放于空挡（手动挡）或 P 位（自动挡），拉紧驻车制动器，在驱动轮下垫好挡木。

## 四、发动机综合参数测试仪

发动机综合参数测试仪也称发动机性能分析仪，或称发动机综合性能检测仪。该仪器技术含量较高、检测项目齐全，可全面检测、分析、判断发动机在各种不同工况下的工作性能及技术参数，能对多种车型所存在的机械及电子故障进行全面的分析诊断，它在汽车综合性能及汽车故障的检测诊断中发挥着重要的作用。因此，一般的修理厂、4S 店及检测站都配有发动机综合参数测试仪。目前在国内汽车维修行业应用较广的发动机综合性能检测仪主要有德国的博世系列和国产的元征 EA 系列（包括 EA1000、EA2000、EA3000）、金德系列（包括 K100、PC2000）等。

### （一）测试仪的功能与特点

#### 1. 功能

在所有汽车检测设备中，发动机综合参数测试仪的功能最多、检测项目最全。随着电子技术在汽车上的广泛应用，除发动机电控技术外，越来越多的汽车采用了底盘电控、车身电控技术。因此，有些型号的发动机综合参数测试仪的功能已超出了发动机性能测试的范畴，相应地增加了对汽车底盘电控系统和车身电控系统等进行检测的功能。

（1）无外载测功（无负荷测功），即加速测功。

（2）检测点火系统。能够进行初级与次级点火波形的采集与处理，如对点火系统多缸平列波、并列波、重叠波和重叠角的处理与显示；断电器闭合角和开启角检测；点火提前角的测定等。

（3）进气歧管真空度波形测定与分析。

（4）各缸压缩压力的测定。

（5）各缸工作的均匀性测定。

（6）启动过程各参数的测定，主要包括启动电压、电流及转速等。

（7）机械和电控喷油过程各参数的测定，主要包括压力、波形、喷油、脉宽、喷油提前角等。

（8）电控供油系统各传感器的参数测定。

（9）柴油机喷油提前角、喷油压力检测。

（10）起动机与发电机检测。

（11）数字万用表功能。

（12）排气分析功能。

（13）测试结果查询。

## 2. 特点

与其他的发动机单项性能检测仪相比，发动机综合参数测试仪具有以下 3 个特点。

（1）动态测试功能

它的传感系统和信号采集与记忆系统能迅速、准确地捕获发动机每一个瞬间的实时动态参数，这些动态参数是对发动机技术状况进行有效分析的科学依据。

（2）通用性

测试过程不依据被检车辆的数据卡（即测试软件），只针对基本结构和各系统的形式及工作原理进行测试，因此它的检测结果具有良好的普遍性，检测方法同样也具有最广泛的适用性。

（3）主动性

发动机综合参数测试仪不仅能适时采集发动机的动态参数，而且还能主动地发出指令干预发动机工作，以完成某些特定的测试程序（如断缸试验）。

## （二）测试仪的基本结构与工作原理

发动机综合参数测试仪由信号提取系统、信号处理系统、采控与显示系统三部分组成。EA2000 发动机综合参数测试仪通过传感器采集信号，经前端预处理器处理后，输入计算机进行处理，以不同的形式输出，可方便地对发动机进行故障检测诊断。它还可以与检测线的主机进行数据通信，对车辆及用户信息、检测数据进行交换、集中监控与管理。

### 1. 信号提取系统

信号提取系统的作用是拾取测量点的信号。该仪器配备有多种传感器、夹持器和探针等，以便直接或间接地与测点接触。其信号提取系统由 12 组拾取器组成，每一组拾取器根据用途不同，由相应的传感器、夹持器或探针、电缆及插接头构成。各拾取器测试电缆均带有活动滑块，已标示其名称。适配器的作用是对进入前端处理器的采集信号进行预处理。

### 2. 信号预处理系统

由于用传感器从各处采集来的原始参数并不都是数字信号，不能被测试仪控制器直接使用，因而必须经过滤波、衰减、放大、整形等预处理，转换成标准数字信号后，才能送入控制器中。信号预处理系统也被称为前端处理器。

### 3. 采控与显示系统

该系统功能强大，采用菜单式操作，使用方便灵活，使用微机控制，能高速采控信号，其显示装置现在均使用彩色显示器。为了使操作更加方便快捷，还设置了相应热键。该设备还配有打印机，专门用来打印测试结果。

### （三）发动机综合参数测试仪的使用方法

国内外发动机综合参数测试仪的型号较多，其使用方法也各有不同，现以 EA2000 为例介绍发动机综合参数测试仪的使用方法。

#### 1. 准备工作

（1）接通电源，打开测试仪总开关；打开微机主机开关和显示器开关，暖机大约 20 分钟；检查电源是否可靠搭铁。

（2）发动机应预热至正常温度。

（3）调整发动机怠速至规定范围内。

（4）保持发动机运转。

（5）在测试电喷发动机 EC 时，仪器必须与发动机共搭铁线，测试人员必须随时保持与汽车车身接触。

#### 2. 系统启动、自检、设置及退出

在开启电源总开关后，电源指示灯亮起。打开主机电源开关，操作系统开始运行，正常工作后，系统自动执行 EA2000 发动机综合性能分析仪程序，进行系统自检。

（1）主机将对预处理器通信、适配器逐一进行自检，自检通过后对应图标显示绿色，不通过则显示红色。自检图标若不显示任何内容，可能是因未连接好适配器或适配器盒插错位，也有可能是适配器损坏，无法正常运行。

（2）全部自检通过，表示系统通信正常，适配器可靠连接。在操作系统桌面上有发动机分析仪测试程序和服务程序图标。双击其图标可以分别启动该程序。

（3）点击【发动机分析仪】图标进入【检测界面】菜单。

（4）点击【检测界面】菜单中最后一个【退出】图标，在弹出的对话框中点击【确定】即可退出该程序回到操作系统桌面。

（5）【检测界面】菜单中 9 个图标的层次与内容。

①用户资料。

②汽油机（初级信号、次级信号、点火提前角、动力平衡、气缸效率分析、启动电流电压、充电电流电压、相对气缸压缩压力、进气管内真空度、温度信号、废气分析、转速稳定性分析、无外载测功）共 13 项。

③柴油机。

④电控发动机（转速传感器、温度传感器、进气真空度传感器、节气门位置传感器、爆震传感器、氧传感器、空气流量传感器、喷油脉冲传感器、车速传感器）共9项。

⑤诊断。

⑥测试记录。

⑦实用工具

⑧参数设定。

⑨退出。

### 3. 一般测试步骤

（1）开机预热，系统自检。

（2）输入用户及车辆信息

在【检测界面】菜单中点击第一个【用户资料】图标，显示用户数据设定界面。

注意：在检测开始前被测车辆的参数必须输入正确。

首先输入被测车辆的牌照号。若被测车辆为以前测试过的车辆，则在输入牌照号后，系统将在各栏目内自动弹出以前所输入的该车的所有信息；若被测车辆以前没有被检测过，则必须填写或在该栏目的下拉菜单中选择被测车辆的相关信息，主要有汽车类型、冲程数、发动机缸数、点火次序、点火方式等选项。然后可直接单击"确定"按钮，确定本次输入信息。如果发动机分析仪和检测线主机已联网，并且主机数据库中已经存有该车辆的测试数据，则会弹出对话框，此时应按照对话框的提示进行操作。

若想改变该车辆以前输入的相关信息，应先单击"修改"按钮，否则系统会提示"修改用户参数请单击［修改］按钮"。车辆信息更改完成后，单击"确定"按钮，将弹出对话框"该记录的［汽车类型Ⅱ冲程Ⅱ点火次序Ⅱ发动机缸数Ⅱ点火方式］其中之一已被修改，如果保存，则它在数据库中的原有的测试记录都将被删除！您确认吗？"选择"是"，系统将确认本次修改；若选择"否"，系统将返回用户资料录入界面，供用户重新输入。

## （四）发动机综合参数测试仪的操作示例

### 1. 点火测试

（1）对于传统点火系统，在检测之前，要先将次级高压信号感应钳夹在高压中心线上，一缸信号感应钳夹在第一缸高压线上，初级红、黑色夹分别夹在点火线圈接线柱上，如图 2-10 所示。

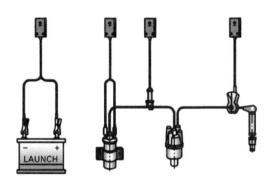

**图 2-10　测试传统点火波形时的接线方法**

（2）将发动机置于怠速状态。

（3）主机选择传统点火系统，可进一步选择初级或次级波形测试。当选择次级波形测试时，可分别观察到次级点火并列波、平列波或重叠波等波形。

**2. 进气管真空度测试**

在测试前，须将真空度传感器的橡胶软管通过三通连接到发动机的真空管上。若主机是传统点火系统，须启动发动机。对于怠速不稳的发动机，为了提高测试精度，可将发动机转速稳定在 1700r/min 左右。

主机菜单选择汽油机，再选择"进气管内真空度"子菜单，就可测试到进气管真空度曲线。

**3. 无外载测功试验的操作方法**

（1）接好电瓶电压线和一缸信号线，并将发动机充分暖车。

（2）进入发动机分析仪的主菜单后，选择"无外载测功"子菜单，设定起始转速 $n_1$（可略高于发动机怠速）和终止转速 $n_2$（约为发动机最高转速的 80%），并键入当量转动惯量数值。

（3）当驾驶员做好准备后，操作人员按下检测按钮 F2，显示器开始显示倒计时。当计数到零时，迅速踩下油门踏板，发动机转速迅速提高。当达到发动机最高转速时，松开油门踏板，使发动机回到怠速工况。

（4）计算机自动计算转速从 $n_1$ 升到 $n_2$ 时发动机输出的功率，并显示相应数据。当发动机转速大于终止转速时，将自动停止检测。

这种试验要特别注意当量转动惯量（即 $J$ 值）的选取。有的 $J$ 值是在发动机台架试验时取得的，这种试验一般不带冷却风扇和空气滤清器等部件，与"就车式"试验（发动机不从车上拆下）条件不同。因此，必须使用有关部门提供的就车试验的 $J$ 值。对于新型或初次试验的车型，必须经过大量的试验，并与出厂数据和发动机台架试验数据对比后，才能得出较为权威的 $J$ 值。

# 五、发动机功率的检测

一般所说发动机的额定功率，就是指发动机携带必要的部件运转时所发出的最大功率。发动机在使用一段时间后，由于积碳、燃油系统以及发动机过热等问题，其所能够输出的最大功率会比刚出厂时要小，其动力性能也有所下降。因此，测量发动机最大功率的下降程度，可以作为衡量发动机使用前后或维修前后技术状况变化的一个指标。

测量功率的试验通常也叫测功试验。测量发动机的功率，有稳态测功和动态测功两类方法。

稳态测功亦称有负荷测功，是指在发动机节气门开度一定、转速一定和其他参数不变的稳定状况下，通过给发动机添加一定的模拟负载，来测量发动机的转速、扭矩和功率的方法。这种方法测试结果较为准确，但需要在专门的试验台架上进行，所以也比较费时费力。通常在汽车制造厂和科研部门较多使用这种方法。

动态测功也叫无负荷测功或无外载测功，是指发动机在不带负荷的情况下，突然开大节气门，使发动机克服惯性和摩擦阻力而加速运转，通过测量发动机的加速性能来测量所发出瞬时功率的方法。这种方法操作较为简单，不需将发动机从车上拆下来，所用的仪器设备也比较轻便，不过测量精度不高。交通运输监理部门和维修厂家常使用这种方法。

## （一）各气缸功率均衡性检测

发动机所发出的功率，应该是各气缸发出功率的总和。从理论上讲，正常运行时，发动机各气缸所发出的功率应是相同的。但由于结构、供油系统以及点火系统等方面的差异，各气缸实际发出的功率仍旧有所不同；特别是当某气缸出现故障时，这种差别就更加明显。例如，当发动机以某一转速运行时，若某气缸火花塞突然断火，该气缸就无法做功，发动机总功率就会下降。

依据这种分析，就可以采用轮流将各缸断火的办法，来判断某缸技术状况是否完好。"单缸断火"的具体测试方法一般有两种：一种是测试功率的变化，另一种是测试转速的变化。

### 1. 单缸功率的检测

首先测量整个发动机的总功率，然后在某缸断火条件下，再测量发动机的功率。两次测量功率之差，就是断火气缸所发出的功率。用此种方法，依次将各缸断火，分别测量各次断火后的功率，并得出各单缸功率。比较各单缸功率，即可判断各缸工作情况。正常时，各单缸功率应是基本相同的，单缸断火后的功率也应该是相近的，若某缸断火后，测得的功率没有变化，则可以认为这个气缸本来就未参与做功。

### 2. 单缸断火后转速的变化

发动机在一定转速下运行时，若某缸突然断火，则发动机输出功率将减少，因而转速也会降低，以寻求与负载和摩擦功率的新的平衡。若各缸的功率是均衡的，则当各缸轮换地断火时，转速下降的幅度应基本相同。反之，若转速下降的幅度差别很大，则说明有的气缸工作不正常。因而可以利用单缸断火情况下的转速下降数值，来评价各缸的工作状况。正常时转速下降的平均值与气缸数有关。显然，气缸数越多，单缸断火后转速下降值就应越小。表 2-1 给出了发动机在以 800r/min 的转速稳定工作的条件下，取消一个气缸工作后，转速的平均下降值。一般要求转速下降的最高、最低值之差，不应大于平均值的 30%。若某缸断火后，转速下降值远小于平均值，则说明该缸工作不良。当然，转速下降越小，说明该缸发出的功率也越小；若转速下降为零，则该气缸不工作。

表 2-1  单缸断火后转速下降的平均值

| 发动机气缸数 | 转速平均下降值（r/min） |
| --- | --- |
| 4 | 150 |
| 6 | 100 |
| 8 | 50 |

应该指出，发动机气缸数越多，每个气缸对发动机总功率的贡献率就越低，单缸断火后转速下降值就越小，测量的误差以及判断故障的难度也就越大。

### （二）测试发动机性能的仪器设备

做无外载测功试验、功率均衡性检测等，可以使用专门的无外载测功仪进行。不过目前企业中多使用比较先进的发动机综合性能分析仪。这是一种用于检测发动机各系统工作状态和运行参数的功能很强的智能化仪器。现以国产 EA-1000 汽车发动机综合性能分析仪为例，它不仅可以进行无外载测功试验，还可检测发动机各系统的工作状态和运行参数以及测试点火、喷油、电控系统传感器和气缸压力的动态波形等。同时可对数据结果进行分析、处理和存储，为发动机的技术状态判断和故障诊断提供科学依据。

## 六、点火系统检测

汽油发动机工作时，不仅需要一定空燃比的混合气，还需要按一定的顺序及时为各气缸提供电火花以点燃混合气。对点火系统一般的要求如下：

首先，火花要具有足够高的击穿电压；

其次，火花要有足够高的能量以保证可靠点火；

最后，点火时刻要能够适应发动机工况的变化。

由于点火系统元件较多、工作条件又往往比较恶劣，使用久了，性能会有所下降，还可能出现运行故障，这些都会影响发动机的动力性和经济性，严重时还会造成发动机熄火或无法启动。因此，点火系统的故障，往往是发动机不能正常工作的重要原因之一。

目前，对点火系统进行检查的方法，主要是利用仪器分析点火线圈初、次级电压波形（主要是次级电压波形），进而判断点火系统的工作情况以及测试点火提前角等。

所用的仪器，一般是发动机综合分析仪，或专用于测试汽车信号的示波器、示波表。

## （一）次级电压标准波形分析

点火线圈完全相当于一个变压器。在初级线圈周期性通电和断电的过程中，初、次级线圈都会因电流变化而产生感应电动势，因而初、次级电压随时间变化的规律也是相似的。因次级电压对发动机正常工作至关重要，下面重点分析次级电压的波形。

次级电压的标准波形如图 2-11 所示。对此波形可作如下说明。

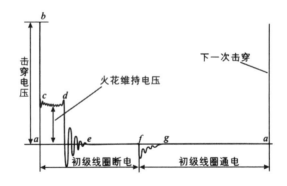

图 2-11　次级电压标准波形

### 1. $a$ 点

断电器触点断开，或电子点火器输出断开，点火线圈初级突然断电，导致次级电压急剧上升。

### 2. $ab$ 段

为火花塞击穿电压。传统点火系统的击穿电压约为 15~20kV，电子点火系统电压可达 18~30kV。

### 3. cd 段

为火花塞电极间的混合气被击穿之后，维持火花放电所需电压，一般为几千伏。这段波形通常也称为"火花线"。火花线应具有一定的高度和宽度，它反映了点火能量的大小，也是保证可靠点火的重要条件。

### 4. de 段

火花消失，点火线圈中剩余磁场能量在线路中维持一段衰减振荡。这段也叫第一次振荡。振荡结束后，电压降到零。

### 5. f 点

断电器触点闭合，或电子点火器输出导通使点火线圈初级突然闭合，初级电流开始增加，引起次级电压突然增大。需要注意的是：在 a 点，初级电流是急剧减小的，而在 f 点电流是逐渐增加的，所以这两点感应次级电压的方向相反，而且大小也不相同。

### 6. fg 段

因初级电流接通而引起回路电压出现衰减振荡。这段称为第二次振荡。振荡消失后，电压恢复到零。

整个波形中，从 a 到 f 段对应于初级电流不导通、次级线圈放电阶段，对于传统点火系统，也就是断电器触点断开阶段；从 f 到 a 段对应于初级电流导通、线圈储能阶段，也是传统点火系统中断电器触点闭合阶段。

## （二）次级电压的故障波形分析

### 1. 单缸次级电压的故障波形分析

若点火系统出现故障，次级电压的波形也会发生相应的变化。所以可以通过分析次级电压的波形来判断点火系统可能发生的故障。

点火系统出现故障的原因有很多。图 2-12 给出了较常见的一些故障波形。

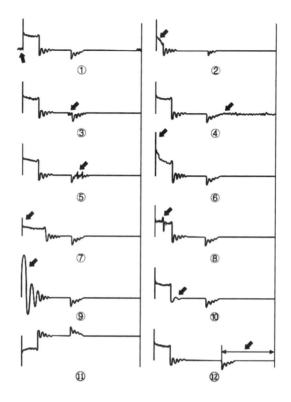

图 2-12　常见的几种次级电压故障波形

下面对这些故障波形进行分析（请注意图中箭头所指处）。

第一，断电高压产生之前出现小的多余波形，说明断电器触点接触面不平，在完全断开之前有瞬间分离现象，引起电压抖动。

第二，火花线变短，很快熄灭，说明点火系统储能不足。可能是供电电压偏低，或初级电路导线接触不良造成的。

第三，第二次振荡波形之前出现小的杂波，可能是由于断电器触点接触面不平，在完全闭合之前有不良接触所致。

第四，在触点闭合阶段，存在多余的小的杂波，可能是初级电路断电器触点搭铁不良或各接点接触不良，引起了小的电压波动。

第五，第二次振荡波形存在严重的杂波，这一般是由于断电器触点臂弹簧弹力太弱，使触点闭合瞬间引起弹跳所致。

第六，击穿电压过高，且火花线较为陡峭，这可能是由于火花塞间隙太大，或次级电路开路等引起的。火花塞间隙越大，所需击穿电压越高，而且往往没有良好的放电过程。

第七，击穿电压和火花线都太低，且火花线变长，这可能是火花塞间隙太小或积炭较严重造成的。在这种情况下，击穿电压就会很低，而火花放电时间则较长。

第八，火花线中出现干扰"毛刺"，可能是分电器盖或分火头松动。这样，在发动机高速运转时，因分电器的振动会使火花塞上的电压不稳定而出现抖动。

第九，完全没有高压击穿和火花线波形，说明火花塞未被击穿，也就没有火花放电过程。产生的原因可能是次级高压线接触不良或断路，或者火花塞间隙过大。

第十，第一次振荡次数明显减少，可能的原因是断电器触点并联的电容器漏电、电容器容量不够或初级线路接触不良，导致线路上电阻增大、耗能增加，火花熄灭后剩余能量小，振荡衰减加快。

第十一，使整个次级电压波形上下颠倒，说明点火线圈初级两端接反或将电源极性接反了，从而使初级电流以至次级电压都改变了方向。

第十二，与正常时相比，触点闭合阶段变短，说明断电器触点间隙过大了。反之，若闭合阶段变长，就说明触点间隙太小了。

实际上，次级电压波形不仅与点火系统的状况有关，还要受发动机内部工作状况（温度、压力、燃气成分等）的影响，情况较为复杂。所以在实践中还可能会遇到很多不同形状的故障波形。只要掌握了点火系统的基本工作原理，就不难根据故障波形做出相应的分析判断。

**2. 不同气缸次级点火电压波形的对比分析**

若将不同气缸次级点火电压波形排列在一起，通过对比观察分析，常常可以发现某些气缸点火方面的故障现象。常用的方法是将波形重叠起来（重叠波），或上下排列（并列波），或左右排列（平列波）。以下主要介绍重叠波和平列波。

（1）重叠波

在正常情况下，各气缸次级点火电压波形是非常相似的。利用重叠波，主要是检查传统点火系统中断电器触点闭合角的大小，以及各气缸对应触点闭合时刻的分散程度，从而间接判断分电器凸轮磨损情况。

图2-13给出了次级电压的重叠波示意图。图中用两种不同的线条表示了触点闭合时刻最早和最晚的两个波形，其他各缸波形均介于二者之间。

在标准重叠波中，触点闭合段占全部波形周期的比例约为：

四缸发动机：45%～50%；

六缸发动机：63%～70%；

八缸发动机：64%～71%。

若闭合段太短，即闭合角太小，一般是触点间隙过大造成的。它将直接导致点火储能不足。反之若闭合段过长、闭合角太大，则在发动机低速时点火线圈可能会发热。

此外，要求闭合段波形的变化范围（图2-13中的 $d$ 部分）不超过波段长度的5%。否则说明分电器凸轮角不规则，或分电器轴松旷。

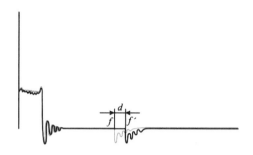

图2-13 点火次级电压的重叠波示意图

（2）平列波

将各气缸的次级电压波形按点火顺序依次排列显示，即所谓平列波，如图2-14所示。通过各缸的波形对比，很容易观察到某气缸点火状况是否正常。例如，图中第3缸击穿电压太低，说明该气缸火花塞间隙太小，或绝缘体有裂纹。反之，若图中第2缸击穿电压过高，说明该缸火花塞间隙太大或已经烧坏。另外，当取下某缸的高压分线后，该缸击穿电压应立即升至20kV以上才正常。否则说明点火线圈性能不好，或分电器、高压线有漏电现象。

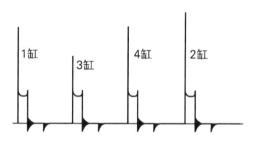

图2-14 点火次级电压的平列波示意图

## （三）初级电压波形分析

与次级电压波形的分析类似，通过分析点火线圈初级电压的波形，也可以大致判断点火系统的工作状况是否正常，以及是否存在某些可能的故障。不过初级电压波形比次级电压波形用得少一些。

### 1. 初级电压的标准波形

初级电压与次级电压随时间变化的规律是类似的。不过初级电压的标准波形与点火系统的结构有一定的关系，这种区别如图2-15所示。

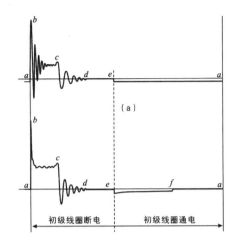

（a）传统点火系统；　　　　（b）电子点火系统

**图 2-15　初级电压波形**

对于传统点火系统，在断电器触点刚断开后，由于触点并联电容的存在，会在初级回路中形成明显的高频衰减振荡［图 2-15（a）的 ac 段］。而对于电子点火系统来说，由于没有触点并联的电容，所以不存在这一振荡过程，其波形与次级电压波形更为相似［图2-15（b）］。ab 段电压并不高，一般只有 150~200V。

在 cd 这段时间内，火花消失后的残余能量在点火线圈初、次级内同时产生衰减振荡。

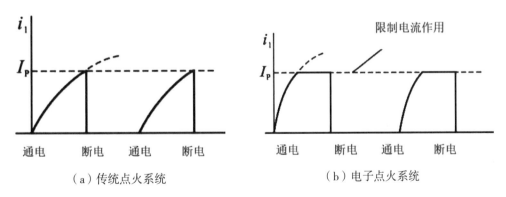

（a）传统点火系统　　　　　　（b）电子点火系统

**图 2-16　点火系统初级电流波形**

在 e 点，由于初级线圈闭合导通，初级电流开始增加，所以在线圈中感应电压与断电阶段的方向相反。

对于某些电子点火系统，反向电压到 f 点消失了，这是因为电子点火器多具有限制初级电流的作用［图 2-16（b）］。目的是既要保证储存足够的点火能量，又可避免低速时电流过大而线圈发热。这样，当初级电流达到 $I_p$ 时便不再增加，初级线圈不再产生感应电动势。

### 2. 初级电压的故障波形分析

通过观察初级电压波形也可分析点火系统可能的故障，如图 2-17 所示。以下对这些故障波形作些简单分析。

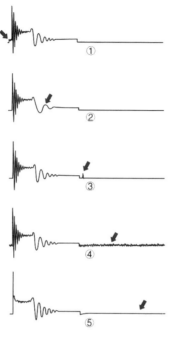

**图 2-17 初级电压的故障波形**

①在断电器触点开启时出现大量杂波，显然是因触点严重烧蚀而造成的。

②初级电压波形在火花后期的衰减振荡次数明显减少，幅值变低，一般是与触点并联的电容漏电所造成的。

③在触点闭合阶段出现少量多余的杂波，往往是因触点弹簧弹力不足引起触点闭合时产生意外跳动而造成。

④在触点闭合阶段出现大量杂波，一般是由于触点接地不良而引起的。

⑤电子点火系统在通电储能阶段电压没有上升，说明电子点火器电路的限流作用失效。

## （四）点火提前角的测试

### 1. 有关基本概念

发动机内可燃混合气的燃烧是需要一定时间的。从火花塞开始点火，到燃气烧完，需要 2~3 毫秒。为了使活塞到达上止点时混合气已经充分燃烧，以便发出最大功率，显然应使火花塞到达上止点之前点火。从点火开始到活塞到达上止点的这段时间，曲轴转过的角度就是点火提前角。

调整正确的点火时刻也叫"点火正时"。点火正时对于发动机的动力性和经济性有很大的影响。最佳点火提前角并非定值，而是应随转速、负荷和汽油辛烷值的改变而变化的。在传统点火系统中，提前角随转速的变化通过分电器中的离心提前机构控制；随负荷的变化由真空提前机构调节；而随汽油辛烷值的变化则是在静态条件下，通过调整分电器壳与分电器轴的相对位置而实现的。

### 2. 点火提前角的测试原理

目前，一般是用点火正时灯和发动机综合分析仪（或汽车专用示波表）来测试点火提前角的。

点火正时灯是一种频率闪光灯，可以按照给定信号（第一缸火花塞点火信号）频率同步闪光。一般在发动机的旋转部件（齿轮或曲轴皮带）上，刻上正时标记，在相邻的固定机壳上也有一个标记。当曲轴转到两个标记对齐时，第一缸活塞正好达到上止点位置。假如没有点火提前，每次活塞到达上止点时点火，并让触发点亮的正时灯照射有标记处，那么正时灯会照亮两个对齐的标记。反之，若有点火提前，正时灯将提前点亮，此时第一缸活塞未到上止点，所以两个标记也还未对齐。两个标记之间的角度差，就是点火提前角。

实际测试时发动机高速运转，闪光和点火频率高达每秒几百到上千次，每次闪亮时两个标记的相对位置几乎都相同。这样，只要发动机转速不变，频闪效应使人们看到旋转体上的转动标记几乎是不动的，它与固定标记之间有一个稳定的角度。若在闪光灯电路中安装一个电位器，用来调整闪光时刻，那么调节电位器时，可以看到转动标记在前后移动。当调节到使两个标记对齐时，电位器所转过的角度，就是与点火提前角成比例的信号。将此信号送入计算机，即可算出点火提前角。

# 第三章 汽车电源系统故障与维修

## 第一节 蓄电池检测与维护

### 一、电源系统的组成与作用

#### （一）汽车电源系统的组成

汽车电源系统主要由蓄电池、交流发电机、电压调节器、充电状态指示装置等部分组成。

#### （二）电源系统的作用

简单而言，汽车电源系统的作用就是给汽车上的用电设备供电。

在汽车上，蓄电池和发电机是并联连接配合供电的。它们配合供电的情况如下：

第一，启动发动机时，由蓄电池向启动机、点火系、仪表等主要用电设备供电。

第二，发动机启动后，发动机低速运转，发电机电压低于蓄电池电压时，由蓄电池向汽车上的用电设备供电。

第三，发动机正常运行时，发电机电压高于蓄电池电压，由发电机向汽车上除启动机以外的所有用电设备供电，同时向蓄电池充电。

第四，当同时工作的用电设备过多，用电量过大，超过发电机供电能力时，蓄电池协助发电机向用电设备供电。

蓄电池、发电机与汽车用电设备都是并联的。在发动机正常工作时，用电设备主要由发电机供电，同时，发电机还向蓄电池充电，因此，发电机是汽车上的主要供电电源；而启动时，主要由蓄电池向启动机提供强大的启动电流，因此，蓄电池也称为汽车的启动电源；放电警告灯用来指示蓄电池的充放电状况；调节器的作用是使发电机在转速变化时，能保持其输出电压恒定。

## 二、蓄电池的结构与原理

蓄电池是一种储存电能的装置，是一个化学电源，它输出的电流是直流电。一旦连接外部负载（称为放电）或接通充电电路（称为充电），它便开始了能量转换过程。在放电过程中，蓄电池中的化学能转变成电能；在充电过程中，电能被转变成化学能。

### （一）蓄电池的主要用途

第一，在启动发动机期间，它为启动系统、点火系统、电子燃油喷射系统和仪表等汽车的其他电器设备供电。

第二，当发动机停止运转或低怠速运转时，由它给工程机械用电设备供电。

第三，当用电需求超过发电机供电能力时，蓄电池也参加供电。

第四，蓄电池起到了整车电气系统的电压稳定器的作用，能够缓和电气系统中的冲击电压，保护汽车上的电子设备。

第五，在发电机正常工作时，蓄电池将发电机发出多余的电能存储起来——充电。

### （二）普通型蓄电池的结构

蓄电池由正极板、负极板、隔板、电解液、电池盖板、联条、加液孔塞和电池外壳组成。蓄电池一般分隔为 3 个或 6 个单格，每个单格电池的标称电压为 2V，将 3 个或 6 个单格电池串联后可制成一只 6V 或 12V 的蓄电池总成。目前，装在汽油发动机的汽车上使用的是由 6 个单格电池组成的 12V 蓄电池，装在柴油发动机的汽车上使用的是由两个 12V 蓄电池串联而成的 24V 电源电池。

蓄电池主要参与化学反应的活性物质：正极板上的是二氧化铅，呈深棕色；负极板上的是海绵状铅，呈青灰色。因为正极板化学反应剧烈，所以在单格电池中，负极板总是比正极板多一片。每一片正极板都处于两片负极板之间，以保持其放电均匀，防止变形。

电解液是由密度为 $1.84g/cm^3$ 的化学纯净硫酸和蒸馏水按一定比例配制而成的，在 20℃ 标准温度下，蓄电池电解液的密度一般为 $1.23 \sim 1.30g/cm^3$，使用中密度的大小根据地区、气候条件（低气温选高密度；高气温选低密度。在不致结冰的情况下尽量选较低密度的电解液）和制造厂要求而定。电解液不允许用工业硫酸和自来水、井水、河水等配制，主要原因是以上物质杂质较多，易引起自放电，从而影响蓄电池寿命。

隔板将相互依靠的正负极板隔开，防止正负极板相互接触而短路。隔板材料应具有良好的耐酸性和抗氧化性。常用的隔板有木质隔板、微孔橡胶隔板、微孔塑料玻璃纤维和纸板等。通常隔板一面带有沟槽，安装时沟槽面应对着正极板，且与底部垂直，以便电解液的流通、脱落活性物质的下沉及气泡的逸出。

联条的作用是将单格蓄电池串联起来，提高整个蓄电池的端电压。联条一般由铅锑合金铸造而成，硬橡胶外壳蓄电池的联条位于电池上方，塑料外壳蓄电池则采用穿墙式联条。

壳体用于盛装电解液和极板组。外壳应耐酸、耐热、耐振动冲击。外壳有橡胶外壳和聚丙烯塑料外壳两种，市面上普遍采用的是塑料外壳。外壳为整体式结构，壳内间壁分成3个或6个互不相通的单格。蓄电池单格电池之间均用铅质联条串联。

蓄电池的每一个单格都有一个加液孔，为加注电解液和检测电解液密度所用，孔盖上有通气孔，该小孔应经常保持畅通，以便随时排除蓄电池化学反应放出的氢气和氧气，防止外壳胀裂和发生事故。

为了便于区分，正接线柱附近标有"+"或"P"记号，负接线柱附近标有"-"或"N"记号，有些蓄电池正接线柱上涂有红色油漆。

## （三）蓄电池的工作原理

当蓄电池将化学能转化为电能而向外供电时，称为放电过程；当蓄电池与外界直流电源相连而将电能转化为化学能储存起来时，称为充电过程。蓄电池的充放电过程中的化学反应是可逆的，总的反应式为：

$$PbO_2 + Pb + 2H_2SO_4 = 2PbSO_4 + 2H_2O$$

### 1. 蓄电池充电

充电过程是蓄电池与外接直流电源连接后，将放电时生成的硫酸铅和水还原成活性物质和硫酸的过程。

当蓄电池充足电时，正极板上的硫酸铅还原成活性物质——二氧化铅，负极板上的硫酸铅还原成活性物质——纯铅。电解液中水消耗，还原成硫酸。蓄电池的电量恢复。

### 2. 蓄电池放电

放电过程是蓄电池与用电设备电路接通时，正极板上的二氧化铅、负极板上的纯铅与电解液反应生成硫酸铅和水的过程。

理论上，放电过程可以进行到极板上的全部活性物质都转变为硫酸铅为止。实际上，由于放电过程中生成的硫酸铅的体积较原活性物质的体积大，先生成的硫酸铅逐渐堵塞极板的孔隙，使电解液不能渗透极板内层，在大部分活性物质没有来得及参加化学反应时放电化学反应就停止了。

汽车用蓄电池放完电时的电压是 1.75V（单格电池电压）。如电压下降到 1.75V 以后的放电为过度放电，过度放电会在极板上生成粗结晶的硫酸铅（称为极板硫化故障），它在充电时不易还原，从而会使极板损坏。

## 三、铅蓄电池环境和使用条件

第一，避免将电池与金属容器直接接触，应采用防酸和阻热材料，否则会引起冒烟或燃烧。

第二，使用指定的充电器在指定的条件下充电，否则可能会引起电池过热、放气、泄漏、燃烧或破裂。

第三，不要将电池安装在密封的设备里，否则可能会使设备破裂。

第四，将电池使用在医护设备中时，请安装在主电源外的后备电源，否则主电源失效会造成电池电解液泄漏、起火。

第五，应将电池放在远离能产生火花设备的地方，否则火花可能会引起电池冒烟或破裂。

第六，不要将电池放在热源附近（如变压器），否则会引起电池过热、泄漏、燃烧或破裂。

第七，应用中电池数目超过一只时，请确保电池间连接无误，且与充电器或负载连接无误，否则会引起电池破裂、燃烧或电池损坏，某些情况下还会伤人。

第八，尽量避免电池掉落或移动时对人身造成伤害。

第九，电池的使用有一定的温度条件范围，超出此范围可能会引起电池损坏。

电池的正常使用温度范围为：77℉（25℃）

电池放电后（装在设备中）：5℉到122℉（-15℃到50℃）

充电后：32℉到104℉（0℃到40℃）

储存中：5℉到104℉（-15℃到40℃）

第十，不要将装在机车上的电池放在高温下、直射阳光中、火炉或火前，否则可能会造成电解液泄漏、起火或破裂。

第十一，不要在灰尘较多的地方使用电池，否则可能会引起电池短路。在多尘环境中使用电池时，应定期检查电池。

第十二，安装调试：

①使用带有绝缘套的工具如钳子等。使用不绝缘的工具会造成电池短路、发热或燃烧，损坏电池。

②不要将电池放置在密闭的房间或靠近火源的地方，否则可能会由于电池释放的氢气造成爆炸或起火。

③不要用稀释剂、汽油、煤油或合成液去清洁电池。使用上述材料会导致电池外壳破裂、电解液泄漏或电池起火。

④当处理45V或更高电压的电池时，要采取安全措施，如佩戴绝缘橡皮手套，否则可能会遭到电击。

⑤不要将电池放在可能被水淹的地方。如果电池浸在水中，可能会导致内部短路和电压不平衡，从而引发自燃自爆等问题。

⑥拆卸电池时请缓慢处理，以防止电解液流出，影响电池的性能和寿命。

⑦将电池装在设备上时，应尽量将其装在设备的最下面，以便后期的检查、保养和更换。

⑧电池充电时不要搬动电池。不要低估电池的质量，不细心的处理可能会对操作者造成伤害。

⑨不要用能产生静电的材料覆盖电池，静电会引发电池起火或爆炸。

⑩应在电池端子、连接片上使用绝缘盖，以防电击伤人。

⑪电池的安装和维护需要专业人员进行操作，以确保安全和使用效果。

## 四、铅酸蓄电池注意事项

### （一）使用前注意事项

第一，确保在电池和设备之间和周围采取充分的绝缘措施。不充分的绝缘措施可能会引起电击、短路发热、冒烟或燃烧。

第二，充电应使用专用充电器，直接连在直流电源上可能会引起电解液泄漏、电池发热或燃烧。

第三，由于自放电，电池容量会缓慢减少。在储存长时间后，请重新对电池充电。

第四，铅酸蓄电池应在通风良好的环境下使用，温度最好控制在（25±10）℃。

### （二）安装注意事项

第一，蓄电池应离开热源和易产生火花的地方，其安全距离应大于0.5m。

第二，蓄电池应避免阳光直射，不能置于大量放射性、红外线辐射、紫外线辐射、有机溶剂气体和腐蚀气体的环境中。

第三，安装位置应有足够的承载能力。

第四，由于电池组件电压较高，存在电击危险，因此在装卸导电连接条时应使用绝缘工具，安装或搬运电池时应戴绝缘手套、围裙和防护眼镜。电池在安装搬运过程中，只能使用非金属吊带，不能使用钢丝绳等。

第五，脏污的连接条或不紧密的连接均可引起电池打火，甚至损坏电池，因此安装时应仔细检查并清除连接条上的脏污，拧紧连接条。

第六，不同容量、不同性能的蓄电池不能互连使用，安装末端连接件和导通电池系统前，应认真检查电池系统的总电压和正、负极，以保证安装正确。

第七，电池外壳，不能使用有机溶剂清洗，不能使用二氧化碳灭火器扑灭电池火灾，可用四氯化碳之类的灭火器具。

第八，蓄电池与充电器或负载连接时，电路开关应位于"断开"位置，并保证连接正确：蓄电池的正极与充电器的正极连接，负极与负极连接。

## （三）运输、储存

第一，由于有的电池重量较重，必须选用合适的运输工具，严禁翻滚和摔掷有包装箱的电池。

第二，搬运电池时不要触动极柱和安全阀。

第三，蓄电池为带液荷电出厂，运输中应防止电池短路。

第四，电池在安装前可在 0~35℃ 的环境下存放，但不能超过 6 个月，超过 6 个月储存期的电池应充电维护，存放地点应保持清洁、通风、干燥。

## （四）使用与注意事项

第一，蓄电池荷电出厂，从出厂到安装使用，电池容量会受到不同程度的损失，若时间较长，在投入使用前应进行补充充电。如果蓄电池储存期不超过一年，在恒压2.27V/只的条件下充电 5 天。如果蓄电池储存期为 1~2 年，在恒压 2.33V/只条件下充电 5 天。

第二，蓄电池浮充使用时，应保证每个单体电池的浮充电压值为 2.25~2.30V，如果浮充电压高于或低于这一范围，则将会减少电池容量或寿命。

第三，当蓄电池浮充运行时，蓄电池单体电池电压不应低于 2.20V，如单体电压低于2.20V，则需进行均衡充电。均衡充电的方法为：充电电压 2.35V/只，充电时间 12 小时。

第四，蓄电池循环使用时，在放电后应采用恒压限流充电。充电电压为 2.35 ~ 2.45V/只，最大电流不大于 0.25C10，具体充电方法为：先用不大于上述最大电流值的电流进行恒流充电，待充电到单体平均电压升到 2.35 ~ 2.45V 时改用平均单体电压为 2.35 ~ 2.45V 恒压充电，直到充电结束。

### （五）电池循环使用时充电完全的标志

在上述限流恒压条件下进行充电时，满足以下任意一条标准即可判定该电池已经充满：

第一，充电时间 18~24 小时（非深放电时间可短）。

第二，充电末期连续 3 小时充电电流值不变化。

第三，恒压 2.35~2.45V 充电的电压值，是环境温度为 25℃ 的规定值。当环境温度高于 25℃ 时，充电电压要相应降低，防止造成过充电。当环境温度低于 25℃ 时，充电电压应提高，以防止充电不足。通常降低或提高的幅度为每变化 1℃，每个单体增减 0.005V。

### （六）及时充电

蓄电池放电后应立即再充电，以维护蓄电池的性能和延长其使用寿命。若放电后的蓄电池搁置时间太长，即使再充电也不能恢复其原容量。

### （七）拧紧电池接线柱螺栓

使用电池时，务必拧紧接线端子的螺栓，以免引起火花及接触不良。

### （八）电池运行检查和记录

第一，电池投入运行后，每季度应至少要测量浮充电压和开路电压一次，并记录每个单体电池浮充电压或开路电压值。

第二，蓄电池系统的端电压（总压）。

第三，环境温度。

第四，每年应检查一次连接导线是否有松动和腐蚀污染现象，松动的导线必须及时拧紧，腐蚀污染的接头应及时作清洁处理。

第五，运行中，若发现以下异常情况，应及时查找故障原因，并更换发生故障的蓄电池。

第六，电压异常。

第七，物理性损伤（壳、盖有裂纹或变形）。

第八，电解液泄漏。

第九，温度异常。

# 五、蓄电池常见故障

## （一）极板硫化

### 1. 故障现象

第一，电池容量降低，用高率放电计检测，单格电压迅速下降。

第二，电解液的密度下降到低于规定的正常数值。

第三，蓄电池在开始充电及充电完毕时电压过高，可达 2.7V 以上。

第四，蓄电池在充电时过早地产生气泡，甚至一开始充电就有气泡。

第五，蓄电池在充电时电解液温度上升过快，易超过 45℃。

第六，蓄电池放电时电压下降过快（用低放电率放电），过早地降至终止电压。

第七，在极板上生成坚硬、不易溶解的白色大颗粒。

### 2. 故障原因

第一，蓄电池在放电与半放电状态下长期放置，由于硫酸铅在昼夜温差较大的情况下，不断在电解液中有溶解与结晶两个相反的过程交替发生，产生再结晶，经过多次再结晶，便在极板上形成粗大的不易溶解的硫酸铅晶体。

第二，蓄电池经常过量放电或小电流深放电，在极板细小孔隙的内层生成硫酸铅，平时充电不易恢复。

第三，电解液液面过低，极板上部的活性物质露在空气中被氧化，汽车行驶时电解液的波动使其接触氧化了的活性物质，生成粗晶粒的硫酸铅。

第四，蓄电池大电流放电时间过长，放完电后未及时充电，极板上的放电产物硫酸铅长期存在，也会通过再结晶形成粗大的颗粒。

第五，电解液不纯或其他原因导致蓄电池自行放电，均会产生硫酸铅，从而为硫酸铅再结晶提供物质基础。

### 3. 故障排除

蓄电池出现轻度硫化故障，可用 2~3A 的小电流长时间充电，即过充电，或用全放、全充的充放电循环方法使活性物质还原。也可用去硫充电的方法消除故障。硫化严重的蓄电池，应予报废。

去硫化充电的程序如下：

第一，倒出电池内的电解液，用蒸馏水冲洗两次后，再加入足够的蒸馏水。

第二，接通充电电路，将电流调到初充电第二阶段电流值进行充电。当密度升到 $1.15g/cm^3$ 时，倒出电解液，直到密度不再增加为止。

第三，以 20 小时放电率放电至单格电磁电压降低到 1.75V 时，再进行上述充电，充满后继续放电，如此充放电循环，直到输出容量达到额定容量的 80% 以上，即可投入使用。

## （二）自行放电

蓄电池在无负载状态下，电量自行消失的现象称为自行放电，若每昼夜电量降低超过 2% 额定容量，说明蓄电池有自行放电故障。

### 1. 故障现象

蓄电池在充足电后，即使不使用，也会因为内部的化学反应而逐渐失去电量。这种现象称为自放电。如果自放电在一定范围内，可视为正常现象，如果超出一定范围放电就应视为故障。一般自放电的允许范围为每昼夜在 1% 以内，如果每昼夜放电超过 2%，就应视为故障。

### 2. 故障原因

第一，电解液不纯，电解液中的杂质沉附于极板上产生局部放电。

第二，蓄电池溢出的电解液堆积在盖板上，使正负极桩形成回路。

第三，蓄电池长期放置不用，硫酸下沉，下部密度较上部大，极板上下部发生电位差引起自行放电等。

第四，极板活性物质脱落，下部沉淀物过多使极板短路。

### 3. 故障排除

发生自行放电故障后，应倒出电解液，取出极板组，抽出隔板，再用蒸馏水冲洗极板和隔板，然后重新组装，加入新的电解液重新充电。

## （三）蓄电池容量不合要求

### 1. 故障现象

第一，汽车启动时，启动机转速很快地减慢，转动无力。

第二，喇叭声音弱、无力。

第三，开启大灯，灯光暗淡。

### 2. 故障原因

第一，使用新蓄电池前未按要求进行初充电。

第二，发电机调节器电压调得过低，使蓄电池经常充电不足。

第三，经常长时间启动发动机，造成大电流放电致使极板损坏。

第四，电解液的相对密度低于规定值，或在电解液渗漏后，只加注蒸馏水，未及时补充电解液，致使电解液的相对密度降低。

第五，电解液的相对密度过高或电解液液面过低，造成极板的硫化。

### 3. 故障排除

第一，检查蓄电池的外部，看外壳是否良好，有无裂纹，表面是否清洁，极板上是否有腐蚀及污物。若有，则为蓄电池外部自放电故障，针对相应故障予以排除。

第二，检查蓄电池搭铁接线，极柱的连接夹子有无松动，蓄电池接线极柱与极板连接处有无断裂。若有，则为输出电阻过大，电压降低。

第三，测量蓄电池的电解液密度，如电解液密度低，说明充电不足或新蓄电池未按要求经过充、放电循环，使蓄电池未达到规定的容量。

第四，检查电解液面高度，如果电解液面高度不足，且在极板上有白色结晶物质存在，则可能存在极板硫化故障。

第五，蓄电池充电后检查电解液密度，若出现两个相邻的电池中电解液的密度有明显差别，如在 6 个单格电池中，5 个电池的电解液密度为 $1.16g/cm^3$，另一个电池的密度为 $1.08g/cm^3$，则说明该单格电池内部有短路，不能使用。

第六，必要时检查发电机电压调节器的调节电压。

## 六、蓄电池充电作业的注意事项

### （一）充电作业的方法

第一，与充电机连接之前，应将蓄电池极柱和表面清理干净，将液面高度调整至正常水平。

第二，连接充电机和蓄电池。

第三，将充电机上的电压调节旋钮调至最小位置。

第四，打开电源开关。

第五，调节打开充电机上的电压开关旋钮，观察电流表读数，直到电流表读数指示出所确定的电流值为止（按照充电规范，确定充电电流大小）。

第六，通过加液孔观察蓄电池的内部情况，用万用表测量蓄电池两端的电压，当有连续气泡冒出或连续 3 小时电压不变时，应立即停止充电。

## （二）充电作业时的注意事项

第一，严格遵守各种充电方法的操作规范。

第二，在充电过程中，要及时检查记录各单格电池的电解液密度和端电压。在充电初期和中期，每 2 小时检查记录一次即可，接近充电终了时，每 1 小时检查记录一次。

第三，若发现个别单格电池的端电压和电解液密度上升速度比其他单格电池缓慢，甚至变化不明显时，应停止充电，并及时查明原因。

第四，在充电过程中，必须随时测量各单格电池的温度，以免温度过高影响蓄电池的性能。当电解液温度上升到 40℃时，应立即将充电电流减半；减小充电电流后，如果电解液温度仍继续升高，应立即停止充电，待温度降低到 35℃以下时，再继续充电。

第五，初充电作业应连续进行，不可长时间间断。

第六，充电时，应旋开出气孔盖，使产生的气体能顺利逸出，充电时要安装通风和防火设备，以确保电池散热良好。在充电过程中，严禁烟火，以免发生事故。

第七，就车充电时，一定要将蓄电池负极断开，否则充电机的高电压会将电控系统的电气元件损坏。

第八，如果蓄电池长时间未在行车中使用，如库存车蓄电池等，必须以小电流的方式进行充电。

第九，对过度放电的蓄电池（空载电压为 11.6V 或更低）进行充电，不可采用快速充电方法充电，这种蓄电池充电时间至少应为 24 小时。

# 七、蓄电池技术状况的检测

## （一）蓄电池电解液液面高度的检查

蓄电池电解液液面高度的检查方法与蓄电池结构有关，不同结构的蓄电池检测方法也有所不同。

第一，对于有加液口的蓄电池，可以用玻璃管进行测量。标准值为 10~15 mm，如果液面过低，一般情况下加入蒸馏水即可。必须定期检查电解液的高度，如有必要必须添加蒸馏水。

第二，对于透明壳体的蓄电池，可以观察到蓄电池内电解液液面与上、下液位刻度的关系。标准值应在上、下刻度线之间。若液面过低，一般情况下可以直接加入蒸馏水。

第三，对于有观察窗的免维护蓄电池，可以直接通过观察窗观察孔中颜色，如图 3-1 所示。当看到黄色时，说明电解液过少，蓄电池已无法继续使用；当看到绿色时，说明电解液合适且电量充足；当看到黑色时，说明电解液合适，但电量不足，需充电。注释说明一般写在蓄电池盖上。

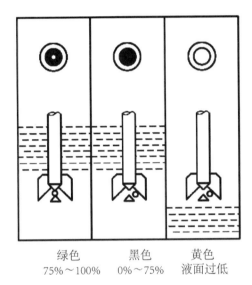

绿色　　　　　黑色　　　　　黄色
75%～100%　0%～75%　　液面过低

绿色小球

图 3-1　从观察窗确认蓄电池状态

## （二）蓄电池端电压的检测

可使用高率放电计测量单格电池的端电压，测量时应按以下步骤进行：

第一，放电叉的两触针紧压在蓄电池单格的正负极桩上。

第二，测量 5 秒钟，观察放电计的电压，记录电压值。

第三，分别测得 6 个单格的电压。此时，蓄电池是在大电流放电情况下的端电压，各单格的端电压应在 1.5V 以上，且能稳定 5 秒钟。如果各单格的电压低于 1.5V，但 5 秒钟内尚能稳定者则为放电过多，应及时进行充电恢复。单格电压低于 1.5V 且 5 秒钟内电压迅速下降，则表示有故障。某单格无电压指示，说明内部有短路、断路或严重硫化故障。

## （三）用万用表测量蓄电池的端电压

第一，将万用表设置在直流 10V 挡。

第二，将万用表的正表笔接蓄电池单格的正极端，负表笔接负极端。

第三，读出指示电压值，2V 为正常值。

第四，电压值低于 1.7V，表明蓄电池已放电，须进行保养充电。

## （四）蓄电池电解液密度的检测

蓄电池电解液密度的检测工具有吸管式密度计、综合测量仪及蓄电池专用检测仪等，这里主要介绍前两种检测工具的操作方法。

第一种：用吸管式密度计检测电解液密度。测试方法如下：

第一，打开蓄电池的加液盖。

第二，把吸管式密度计下端的橡皮管插入单格电池的加液孔内。

第三，用手将橡皮球捏扁，再慢慢放开，电解液就会被吸到玻璃管中。注意，量要适度。

第四，使管内的浮子浮在玻璃管中央，读吸管式密度计的读数，计数时眼睛与密度计刻度线水平平齐。

第五，测量电解液温度。

第六，将测量的密度值换算成 25℃时的密度值。

第七，按在 25℃时为 $1.26 \sim 1.29 \text{g/cm}^3$，则需要重新配制电解液。

第二种：用综合测量仪检测电解液密度。测试方法如下：

第一，用取液管吸取电解液。

第二，滴在测试仪测试镜片上，水平放置测试仪。

第三，将测试仪迎着阳光，目视观察窗，即可读取密度值。

第四，测量环境温度。

第五，将读取密度值换算成25℃时的相对密度值。

第六，参照标准，分析被测蓄电池密度是否合适。

## （五）蓄电池放电程度的检测

### 1. 用高率放电计检测

在检测时，蓄电池对负载电阻放电电流超过100A，通过高率放电计能比较准确地判定蓄电池的容量和基本性能。实验室常用的高率放电计的使用方法：用力将放电计的两个触针迅速压在蓄电池的正、负极柱上，并保持3~5秒，观察放电计上的指针位置。对于12V整体蓄电池，若指针指示电压在9.6V以下，说明该蓄电池性能不良或电量不足；若指针指示稳定在10.6~11.6V，说明电量充足；若指针指示电压迅速下降，说明蓄电池有故障。

### 2. 用专用检测仪检测

对一汽大众的汽车进行蓄电池检测时，使用VAS5097A或MICRO。

用专用检测仪检测时，无须拆下蓄电池和蓄电池接线卡，只须按要求将夹钳夹到蓄电池极柱上即可。

蓄电池的容量不同时，其负荷电流也不同，应按检测仪要求来调整。检测仪负荷电流和最低电压值可参照标准值，测试电压不能低于最低电压，否则，说明蓄电池电量不足或存在损坏的迹象。

# 八、汽车用其他电池

## （一）干式荷电铅蓄电池

其组成与普通蓄电池大致相同，细微区别在于：

第一，制造过程中就使极板处于干燥的已充足电的状态，即已具备电荷。

第二，在规定的保存期（两年内），如需使用，只需要向电池内加注符合规定的电解液，静放15分钟，将电解液调整到规定高度，即可装用，无须进行初充电。

## （二）免维护蓄电池

免维护蓄电池又称MF蓄电池，免维护是指在汽车合理使用期间，无须对蓄电池加注蒸馏水、检测电解液液面高度、检测电解液密度等维护作业。免维护蓄电池的特点如下：

第一，栅架材料采用铅钙合金，既提高了栅架的机械强度，又减少了蓄电池的耗水量和自放电。

第二，采用袋式微孔聚氯乙烯隔板，将正极板装在隔板袋内，既可避免正极板上的活性物质脱落，又能防止极板短路。壳体底部不需要凸起的肋条，降低了极板组的高度，增大了极板上方的容积，可使电解液储存量增多。

第三，蓄电池内部装有电解液密度计，可自动显示蓄电池的存电状态和电解液液面的高低。如果密度计的观察窗呈绿色，表明蓄电池存电充足，可正常使用；若显示深绿色或黑色，表明蓄电池存电不足，需要补充充电；若显示浅黄色，表明蓄电池已接近报废。

第四，采用了新型安全通气装置和气体收集器，在孔盖内部设置了一个氧化铝过滤器，可阻止水蒸气和硫酸气体通过，同时又可以使氢气和氧气顺利逸出。通气塞中装有催化剂钯，可促使氢、氧离子重新结合成水回到蓄电池中。

大多数免维护蓄电池均设有一个指示荷电状况的多孔形液体密度计，它会根据电解液密度的变化而改变颜色，可指示蓄电池充、存电状态和电解液液位的高度。

## 九、电动汽车蓄电池的种类和特点

电动汽车用蓄电池的种类有很多，如铅酸电池、镉镍（Ni-Cd）电池、氢镍（Ni-MH）电池、硫（Na-S）电池、锂电池、锌-空电池、飞轮电池、燃料电池、太阳能电池等。

镉镍电池作为电动汽车动力源的一个需要十分注意的问题是，如果使用后没得到很好地回收，重金属镉将会造成严重的环境污染。尽管近几年来，美国、欧洲和日本在镉镍蓄电池中镉回收技术方面几乎达到了100%的回收和再生，但一些环境保护人士仍反对在电动汽车上使用这种电池。

氢镍电池和镉镍电池一样，也属于碱性电池，它的许多基本特性和镉镍电池相似，但氢镍电池不像镉镍电池那样存在重金属污染问题，它不含镉和铅之类的重金属，使用后回收不是主要问题，被称为"绿色电池"。

锂电池（这里主要指二次锂电池）具有比能量高等一系列优点，受到了美国、欧洲和日本等国家的高度重视，并把电动汽车与燃油机汽车全面竞争的希望寄托于它的成功。

# 第二节 三相交流发电机的故障检修

## 一、发电机的结构与功用

发电机是指将机械能转换成电能的设备。在汽车应用中，它能够将汽车发动机的机械能转换成电能。发动机与发电机之间是通过皮带来传递动力的。

发电机在汽车上的作用：汽车发动机启动后，带动发电机旋转，当发电机的输出电压高于蓄电池电压时，向汽车上除启动机以外的所有用电设备供电，同时还向蓄电池充电。

### （一）交流发电机的结构

汽车用交流发电机总体上是由一个三相同步交流发电机和一套硅二极管整流器两大部分组成的。

交流发电机的主要部件：产生磁场的转子；产生交流电的定子；端盖；皮带轮以及整流器。此外，还有为了产生磁场而将电流提供给转子的电刷，支承转子转动的轴承；冷却转子、定子及二极管的风扇。所有这些部件均装在前后机架上。

#### 1. 转子

转子是交流发电机的磁场部分，主要由转子轴、励磁绕组、两块爪形磁极、滑环等部分组成。

由低碳钢制成的两块六爪磁极压装在转子轴上，其空腔内装有导磁用的铁芯，称为磁轭。铁芯上绕有励磁绕组，励磁绕组的两根引出线分别焊在与轴绝缘的两个压装在轴上的滑环上。滑环与装在后端盖内的两个电刷相接触，两个电刷通过引线分别接在两个螺钉接线柱上。这两个接线柱即为发电机的"F"（磁场）接线柱和"−"（搭铁）接线柱。当这两个接线柱与直流电源相接时，便有电流流过励磁绕组，产生磁通，使两块爪极被分别磁化为 N 极和 S 极，形成犬牙交错的磁极，产生磁场。当发动机工作时，可在定子铁芯内部形成交变磁场。

#### 2. 定子

定子又称电枢，由定子铁芯和定子绕组组成。定子铁芯一般由一组相互绝缘的且内圆带有嵌线槽的圆环状硅钢片叠制而成。嵌线槽内嵌入三相对称的定子绕组。

绕组的接法有星形即 Y 形、三角形两种方式。绕组一般采用星形连接，即每相绕组的首端分别与整流器的硅二极管相接。作为交流发电机的交流输出端，每相绕组的尾端接在一起，形成中性点 N。定子绕组结构和星形即 Y 形连接。

### 3. 传动带轮

传动带轮通常用铸铁或铝合金制成，分单槽和双槽两种，利用风扇的半圆键装在风扇外侧的转轴上，再用弹簧垫片和螺母紧固。发动机工作时发动机通过风扇皮带带动传动皮带轮转动，并传给发电机。

### 4. 电刷与电刷架

两只电刷装在电刷架的方孔内，利用弹簧的压力使其与集电环保持良好的接触。电刷与电刷架的结构有外装式和内装式两种。

搭铁电刷的引出线用螺钉直接固定在后端盖上（标记"－"），此方式称为内搭铁；如果此碳刷的引出线与机壳绝缘接到后端盖外部的接线柱上（标记 $F_2$），这种方式称为外搭铁。

### 5. 整流器

整流器的作用：将定子绕组产生的三相交流电变成直流电输出；还可阻止蓄电池的电流向发电机倒流。它一般由 6 个硅二极管接成三相桥式全波整流电路。

整流器组成：由整流板和整流二极管组成，6 管交流发电机的整流器是由 6 只硅整流二极管分别压装（或焊装）在相互绝缘的两块板上组成的，其中一块为正极板（带有输出端螺栓），另一块为负极板。负极板和发电机外壳直接相连（搭铁），也可以将发电机的后盖直接作为负极板。

6 只整流二极管分为正极管和负极管两种。引出电极为正极的称为正极管，3 只正极管装在同一块板上，称为正极板；引出电极为负极的称为负极管，3 只负极管安装在负极板上，也可直接安装在后盖上。

## 二、发电机的工作原理

### （一）发电原理

#### 1. 磁铁在线圈中旋转

在发电机内部有一个由发动机带动转子（旋转磁场），使磁铁（磁通）在绕组中旋转；磁场外有一个定子绕组，绕组有 3 组线圈（三相绕组），三相绕组彼此相隔 120°，在绕组中产生电流。线圈发电越大，由于电流作用，线圈越易发热，因此，线圈装在发电机外层对冷却有好处。所有交流发电的发电线圈（定子芯）都在外层，而旋转磁铁（转子芯）都在线圈内。当转子旋转时，旋转的磁场使固定的电枢绕组切割磁力线（或者说使电枢绕组中通过的磁通量发生变化）而产生电动势。

定子三相绕组感生电动势的大小为：

$$e_u = E_m \sin\omega t = \sqrt{2}E_\Phi \sin\omega t$$

$$e_v = E_m \sin\left(\omega t - \frac{2}{3}\pi\right) = \sqrt{2}E_\Phi \sin\left(\omega t - \frac{2}{3}\pi\right)$$

$$e_w = E_m \sin\left(\omega t + \frac{2}{3}\pi\right) = \sqrt{2}E_\Phi \sin\left(\omega t + \frac{2}{3}\pi\right)$$

式中：$E_m$ ——每相电动势的最大值；

$\omega$ ——电角速度；

$E_\Phi$ ——每相电动势的有效值。

定子每相电动势的有效值为：

$$E_\Phi = \frac{E_m}{\sqrt{2}}$$

$$= 4.44KfN\Phi = 4.44KNPn\Phi/60 = C_e\Phi_n \, (\text{V})$$

式中：$K$ ——绕组系数（和发电机定子绕组的绕线方法有关）；

$N$ ——每项匝数，匝；

$\Phi$ ——每极磁通，Wb；

$C_e$ ——电机结构常数；

$f$ ——交流电动势的频率；

$P$ ——磁极对数；

$n$ ——发电机转速，r/min。

### 2. 三相交流电

当磁铁在线圈中旋转时，将在线圈中产生电（电动势）。这样产生的电流为大小和方向都不断变化的交流电流。

发电机每相绕组产生的电动势有效值的大小与转子的转速及磁极的磁通成正比：

$$E = C\Phi n$$

最大电流产生在磁铁的南极和北极最靠近线圈时，电流方向随磁铁转动半圈而变化一次。以这种方式形成的正弦波形电流，称为"单相交流电"。

## （二）中性点电压

有的发电机具有中性点接线柱，是从三相绕组的中性点引出来的，标记为"$N$"。输出电压为 $U_N$，称为中性点电压。

中性点电压的瞬时值是一个 3 次谐波电压，中性点电压的平均值为发电机输出电压（平均值）的一半：

$$U_N = \frac{U_B}{2}$$

带有中性点接线柱的发电机可用中性点电压来控制各种用途的继电器。

有的发电机没有中性点接线柱，但是也充分地利用了中性点电压（如夏利、桑塔纳发电机），这些发电机在中性点处接上两只整流二极管，和三相绕组的 6 只整流二极管一起输出，可提高发电机功率。

## 三、发电机使用时的注意事项

交流发电机由于使用硅二极管整流，也称为硅整流交流发电机。由于硅整流交流发电机结构的特殊性，在使用和维护中应特别注意以下几点：

### （一）及时清理，经常保持清洁

外壳及接线柱的灰尘、污垢要定期清理，以免外壳锈蚀，造成接线柱接触不良；整流子上的油污一般工作 150 小时后，应使用浸有汽油或酒精的纱布擦净，否则将影响导电性。

### （二）定期检查电刷

电刷磨损严重时应及时更换，为防止接触不良，引起火花，电刷与整流子的接触面积应不小于75%。电刷在电刷架内应能自由起落，活动自如，压力适当。

### （三）发电机润滑

发电机前后轴承润滑黄油要定期填充，一般1000小时更换一次，以充满轴承空间2/3为宜。不宜过多，否则易受热外溢，造成电机绝缘损坏。

### （四）检查发电机绝缘性能时禁止使用220V交流电源或兆欧表

用220V交流电源或兆欧表（摇表）来检查发电机的绝缘性能，会因电压过高而将硅二极管击穿损坏。

### （五）蓄电池正、负极不能接反

硅整流发电机都是以外壳为负极搭铁的，在安装蓄电池时，一定要注意分清其正、负极，否则蓄电池会通过硅二极管大电流放电将二极管瞬间击穿。

### （六）硅整流发电机的接线必须正确

硅整流发电机的接线错误会造成发电机不能正常发电，严重时还会烧毁发动机或调节器。一般情况下，硅整流发电机上"B+"接线柱为电枢，应与电流表或蓄电池的正极相接；"F"接线柱为磁场，应与电压调节器的磁场接线柱相接；"N"接线柱为中性点，应与充电指示控制继电器的"N"接线柱相接；"E"或"–"为搭铁，应与电压调节器的搭铁接线柱"E"或车身相接。

### （七）硅整流发电机与蓄电池之间的连线必须牢固可靠

蓄电池可以缓解发电机工作时的瞬间过电压。若在发电机与蓄电池未连接的情况下运转，或正常运转时突然断开发电机与蓄电池之间的连线，就容易产生较高过电压，从而击穿整流二极管，或损坏电压调节器及其他用电设备。

### （八）发动机熄火后应及时关闭点火开关

硅整流发电机磁场绕组直接受点火开关点火挡控制，熄火后点火开关必须及时关闭，以防止蓄电池通过点火开关、调节器对发电机的磁场绕组作长时间放电，将磁场绕组或调节器烧坏。停车期间收听广播时，一定要将点火开关打至 ACC 挡，即收音机等附属设备挡。

### （九）传动皮带必须松紧适度

发电机传动皮带的张力应调整合适，过松易使皮带打滑造成发电不足，过紧容易损坏皮带和发电机轴承。具体调整方法应按照车辆维修资料规定实施。

### （十）听到发电机异响应及时检查

行驶中，听到发电机运转声音不正常，应立即停车检查。首先检查传动皮带是否过松，必要时还应分解发电机，检查前、后端轴承磨损程度及润滑情况。

## （十一） 发现故障应及时排除

若发现充电电流过小或接近于零时，应及时检查硅整流发电机是否出现故障，找出故障原因并加以排除。发电机整流器中只要有一个二极管击穿短路，发电机就不能正常工作，若继续运转，会引起其他二极管或定子绕组烧毁。

## （十二） 禁用搭铁"试火"的方法检测发电机故障

诊断硅整流发电机充电系统故障，一般采用试灯法或仪表测试法，不能使用将发电机电枢"B+"接线柱与外壳搭铁试火的方法来检查发电机是否发电，以免因瞬时大电流或感应所产生的过电压烧坏发电机的硅二极管和电线束。发电机高速运转时更应注意。

## （十三） 正确区分交流发电机及其调节器的搭铁形式

交流发电机及其调节器分为内搭铁和外搭铁两种形式。一般情况下，磁场绕组外搭铁的交流发电机应与外搭铁形式的调节器配套使用，磁场绕组内搭铁的交流发电机应与内搭铁形式的调节器配套使用。需要代换使用时，应同时改变发电机与调节器的接线方式。

# 四、发电机的故障检测

发电机一旦出现故障，汽车则不能正常工作，但长时间仅依靠蓄电池供电并不现实，会使汽车工作时间大为缩短，还会减少蓄电池的使用寿命。因此，当发电机出现故障时，必须及时地排除故障或更换发电机。

## （一） 就车检测法

当怀疑发电机不发电时，可以不拆卸发电机，在车上对其检测，概略判断是否有故障。

### 1. 万用表电压挡检测

将万用表旋钮旋至直流电压 30V 挡（或用一般的直流电压表适当挡），把红表笔接发电机"电枢"接柱，黑表笔接外壳，让发动机运转在中速以上，12V 电气系统的电压标准值应在 14V 左右，24V 电气系统的电压标准值应在 28V 左右。若测得的电压远低于此甚至降至蓄电池电压水平，则表明发电机不发电。

### 2. 外接电流表检测

当汽车仪表板上没有内置电流表时，可用外接直流电流表进行检测。方法为：先把发电机"电枢"接柱导线拆下，再将量程为20A左右的直流电流表正极接发电机"电枢"，负极导线接上述拆下接头。当发动机在中速以上运转（不使用其他电器设备）时，电流表有3～5A充电指示，表明发电机工作正常，若无此显示，则说明发电机不发电。

### 3. 试灯（汽车灯泡）法

当没有万用表和直流电表时，可用汽车灯泡做一试灯来进行检测。将灯泡两端焊接适当长度的导线，并在其两端接上鳄鱼夹。检测前先将发电机"电枢"接柱的导线拆下，再将试灯的一端夹住发电机"电枢"接柱，另一端搭铁。当发动机中速运转时，试灯亮起则说明发电机工作正常，反之则说明发电机不发电。

### 4. 改变发动机转速、观察大灯亮度法

启动发动机后，打开大灯，让发动机转速从怠速逐渐提高到中等转速，大灯的亮度若随转速的提高而增加，说明发电机工作正常，否则为不发电。

### 5. 拆下蓄电池搭铁线看发动机（汽油机）是否工作法

当车上没有微机控制电子装置时，可以用此种方法检测。方法为：把发动机控制在中速以上，拆下蓄电池搭铁线（一般是断开蓄电池搭铁线上的控制总开关），若发动机工作正常，说明发电机发电，反之，则说明发电机存在故障。

## （二）车下不解体检测与判断

从车上拆下发电机后，可以用下述方法检查，进一步确定故障原因和具体位置。

### 1. 用小灯泡（手电灯泡）判断

把手电灯泡的两端接上导线做成小试灯，接于发电机"电枢"和外壳之间。用导线将蓄电池（或相同电压的干电池）正、负极分别连接在发电机的两磁场接柱"F1""F2"（内搭铁的交流发电机接"F"和"搭铁"接柱）上，让蓄电池给发电机激磁。用手快速转动发动机皮带盘，小试灯亮起说明发电机工作正常，否则说明发电机不发电。

### 2. 万用表电压挡判断

让蓄电池给发电机激磁，将万用表选择在直流电压3～5V（或一般直流电压表适当挡）挡，黑、红表笔分别接"搭铁"和发电机"电枢"接柱，用手转动皮带盘，万用表（或直流电压表）指针应有摆动，否则说明发电机不发电。

### 3. 万用表电阻挡检测与判断

用万用表R×1电阻挡测量各接线柱之间的电阻值，与正常值相比，可以判断出发电

机是否存在故障。

### 4. 用示波器检测

利用示波器观察发电机输出电压的波形。发电机工作时，其波形有一定的规律性，发电机出现故障时，其输出电压的波形将会发生变化。因此，将其输出电压的波形与正常波形相比，即可根据波形的变化情况判断发电机的故障。用示波器检测发电机输出波形实验步骤如下：

第一，将示波器连接到发电机 B 端子与接地之间。

第二，将示波器调整到发电机波形测试功能。

第三，启动发电机，观察发电机输出波形。

## （三）发电机的检修

交流发电机的检修可从五方面完成，即拆卸、分解、检查、组装、安装。

### 1. 拆卸

（1）脱开蓄电池负极（-）端子电缆

断开蓄电池负极（-）电缆之前，应对 ECU 等元件内保存的信息作一个记录，这些信息包括 DTC（故障诊断码）、选择的收音机频道、座椅位置（带有记忆系统）、方向盘位置（带有记忆系统）等。

（2）脱开发电机电缆和连接器

①拆卸发电机电缆定位螺母。

②断开发电机电缆。

提示：

发电机电缆是直接从蓄电池引出的，在端子上有一个防短路罩壳。要先断开连接器的卡爪，握住连接器，再断开连接器。

（3）拆卸发电机

拆卸顺序：传动皮带、发电机、支架。

### 2. 分解

第一，拆卸发电机皮带轮。

第二，拆卸发电机电刷座总成：发电机端子绝缘体、电刷座、后端盖。

第三，拆卸发电机调节器总成。

第四，拆卸整流器。

第五，拆卸发电机转子总成：驱动端盖、转子、整流器端盖。

### 3. 检查

（1）检查发电机转子总成

目视检查：检查滑环变脏或烧蚀的程度。

提示：

旋转时滑环和电刷接触，使电流产生。电流产生的火花会产生脏污和烧蚀。

脏污和烧蚀会影响电流，使发电机的性能降低。

（2）冲洗

用布料和毛刷，清洁滑环和转子。如果脏污和烧蚀明显，应更换转子总成。

（3）检查滑环之间是否导通

使用万用表，检查滑环之间是否导通。

提示：

转子是一个旋转的电磁体，内部有一个线圈。线圈的两端都连接到滑环上。检查滑环之间是否导通可以用于探测线圈内部是否开路。

如果发现在绝缘和/或者导通方面存在问题，就需要更换转子。

（4）检查滑环和转子之间的绝缘

用万用表，检查滑环和转子之间的绝缘。

提示：在滑环和转子之间存在一个切断电流的绝缘装置。如果转子线圈短路，电流会在线圈和转子之间流动。

检查滑环和转子之间的绝缘装置可以用来检测线圈内是否存在短路。如果发现在绝缘和/或者导通方面存在问题，就需要更换转子。

（5）检查带整流器的发电机座

检查整流器的二极管、使用万用表的二极管测试模式、在整流器的端子 B 和端子 P1 到 P4 之间测量，交换测试导线时，检查是否只能单向导通；改变端子 B 至端子 E 的连接方式，测量过程同上。

提示：

发电机产生的电通常是交流电，但是由于工程机械使用直流电，必须将交流电转换成直流电。转换电流的装置就是整流器。

整流器使用二极管将交流电转换成直流电。

二极管单向导通电流。因此，可使用万用表或电路测试仪检查时，使电流通过测试仪的内部电池到达二极管，根据流过二极管的电流来检查二极管的好坏。

### 4. 组装

第一，安装发电机转子总成。

第二，安装整流器端盖。

用压机将整流器端盖压到驱动端盖内。

### 5. 安装

将发电机重新安装到车辆上，连接电缆和连接器，以及重新连接蓄电池负极电缆。

# 五、电压调节器

## （一）调节器的功用及原理

由于交流发电机的转子是由发动机通过皮带驱动旋转的，且发动机和交流发电机的速比为 1.7~3，因此交流发电机转子的转速变化范围非常大，这样将引起发电机的输出电压发生较大变化，无法满足汽车用电设备的工作要求。为了满足用电设备恒定电压的要求，交流发电机必须配用电压调节器才能正常工作。

电压调节器是把发电机输出电压控制在规定范围内的装置，其功用是在发电机转速变化时，自动控制发电机电压保持恒定，使其不因发电机转速高时电压过高烧坏用电器和导致蓄电池过充电；也不会因发电机转速低而电压不足导致用电器工作失常。

发电机电压调节器的原理：根据发电机输出电压 $U = C\Phi n$。对某一台给定发电机而言，$C$ 是常数；而转速 $n$ 是变量，它是随发动机转速而变化的，它变化的范围很大；磁通 $\Phi$ 也是变量，它的大小是由发电机励磁电流决定的。因此，电压调节器的工作原理是当发电机转速增高时，减小发电机励磁电流，使发电机输出电压保持恒定；当发电机转速减小时，增大发电机励磁电流，使发电机输出电压保持恒定。

## （二）调节器的种类

调节器按其结构特点和工作原理大致可分为电磁振动式和电子调节器两大类。随着电子技术的发展，目前交流发电机几乎全部采用电子调节器。其特点是电压调节精度高，且不产生火花。此外，它还具有重量轻、体积小、寿命长、可靠性高、电波干扰小等优点。

### 1. 电磁振动式电压调节器

利用电磁力和弹力的平衡控制触点开闭，改变激磁电路的电阻来改变激磁电流平均值。

**2. 电子调节器**

由于汽车交流发电机有内搭铁型与外搭铁型之分，与之匹配使用的电子调节器也有内搭铁型与外搭铁型两类。按元件的组合形式不同，电子式电压调节器可分为分立元件式（也称晶体管式）和集成电路式。

晶体管式调节器就是将各电子元件焊接在一块印刷电路板上，然后封装在外壳内。它与发电机是分开装设的，它们之间用导线连接。

集成电路式调节器一般是将集成电路与部分不便于集成的电子元件焊接在一起。其工作原理与晶体管式调节器相同。集成电路式调节器的体积小、质量轻，它直接装在发电机内部，与发电机构成一个整体，所以，也将装用集成电路式调节器的发电机称为"整体式发电机"。

整体式交流发电机有 3 个功能：发电、整流和调节电压。

（1）发电

用多槽带把发动机的旋转传输到皮带轮，转动电磁化的转子，在定子线圈中产生交流电流。

（2）整流

因为定子线圈中产生的电是交流电，它不能用于车辆上安装的直流电器装置，所以要利用整流器将交流电变为直流电。

（3）调节电压

利用调节器调节发电机的电压，在发电机转速或负载发生变化时也能保持电压稳定。

**3. 工作原理**

第一，点火开关 SW 刚接通时，发动机不转，发电机不发电，蓄电池电压加在分压器 $R_1$、$R_2$ 上，此时因 UR1 较低不能使稳压管 VS 反向击穿，$VT_1$ 截止，$VT_1$ 截止使得 $VT_2$ 导通，发电机磁场电路接通，此时由蓄电池供给磁场电流。随着发动机的启动，发电机转速升高，发电机他励发电，电压上升。

第二，当发电机电压升高到大于蓄电池电压时，发电机自动发电并开始对外蓄电池充电。如果此时发电机输出电压 $U_B$ <调节器调节上限 $U_{B2}$，$VT_1$ 继续截止，$VT_2$ 继续导通，但此时的磁场电流由发电机供给，发电机电压随转速升高而升高。

第三，当发电机电压升高到等于调节上限 $U_{B2}$ 时，调节器对电压的调节开始。此时 VS 导通，$VT_1$ 导通，$VT_2$ 截止，发电机磁场电路被切断，由于磁场被断路，磁通下降，发电机输出电压下降。

第四，当发电机电压下降到等于调节下限 $U_{B1}$ 时，VS 截止，$VT_1$ 截止，$VT_2$ 重新导通，磁场电路重新被接通，发电机电压上升。

周而复始，发电机输出电压 $U_B$ 被控制在一定范围内，这就是外搭铁型电子调节器的工作原理。

内搭铁型电子调节器的基本电路如图 3-2 所示。

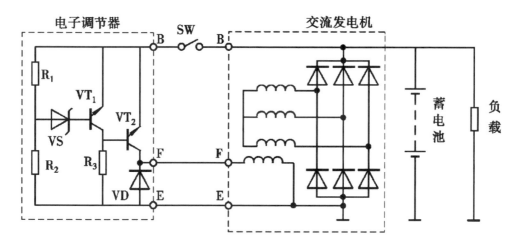

图 3-2　内搭铁型电子调节器电路

内搭铁型电子调节器基本电路的特点是晶体管 $VT_1$、$VT_2$ 采用 PNP 型，发电机的励磁绕组连接在 $VT_2$ 的集电极和搭铁端之间。与外搭铁型电路显著不同，电路工作原理和结构与外搭铁型电子调节器类似。

# 第四章　汽车启动系统故障与维修

## 第一节　启动机的拆检

## 一、汽车启动系统的组成

汽车启动系统主要由蓄电池、启动机、点火开关和启动电路等组成，如图 4-1 所示。其中最核心的部件是启动机。

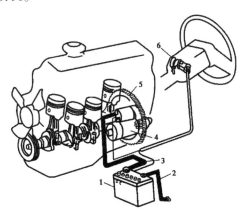

图 4-1　启动系统组成

1—蓄电池；2—蓄电池搭火开关铁线；3—蓄电池正极线；

4—启动机；5—飞轮齿圈；6—点火开关

### （一）启动机的结构与工作原理

典型的启动机由直流电动机、传动机构和控制装置 3 个部分构成。

#### 1. 直流电动机

（1）直流电动机的结构

直流电动机主要由电枢、换向器、电刷组件、磁极以及机壳、端盖（轴承）等部件组成。

①电枢与换向器。电枢由电枢轴、电枢铁芯、电枢绕组等组成，电枢的作用是产生电磁转矩。电枢铁芯由硅钢片叠压而成，压装在电枢轴花键部位上。电枢绕组嵌装在铁芯的槽内，绕组两端分别焊接在换向器的铜片上。为了得到较大的转矩，流经电枢绕组的电流很大，一般为200~600A，电枢绕组采用横截面积较大的矩形裸铜线绕制。为了防止裸铜线绕组间短路，在铜线与铜线之间、铜线与铁芯之间用绝缘性能较好的绝缘纸隔开。

换向器的功能是保证电枢绕组产生的电磁转矩的方向保持不变。换向器由铜片和云母片相互叠压而成，压装在电枢轴的一端，云母片使铜片间、铜片与轴之间均绝缘。

②磁极、机壳。磁极由铁芯和励磁绕组构成，并通过螺钉固定在电动机壳体上，如图4-2所示。磁极的作用是产生磁场，一般采用4个磁极。励磁绕组用粗扁铜线绕制而成，工作时通过电刷、换向器与电枢绕组串联。励磁绕组的连接方式有两种：一种是4个绕组串联后再与电枢绕组串联，如图4-3（a）所示；另一种是两个绕组先串联后并联，再与电枢绕组串联，如图4-3（b）所示。

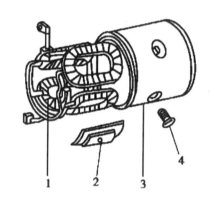

图4-2  启动机磁极及机壳图

1—励磁绕组；2—磁极铁芯；3—外壳；4—螺钉

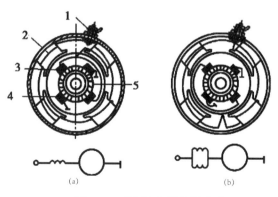

图4-3  磁极绕组的连接方式

1—绝缘接线柱；2—励磁线圈；3—绝缘电刷；4—搭铁电刷；5—换向器

③电刷组件。电刷组件的功用是将直流电引入电枢绕组，主要由电刷、电刷架和电刷弹簧组成，如图4-4所示。电刷用铜粉与石墨粉压制而成，有较好的导电性能和耐磨性能。

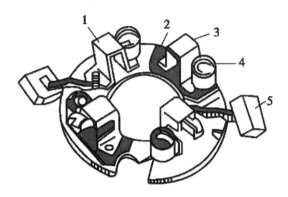

图4-4 电刷组件图

1—搭铁电刷架；2—绝缘垫；3—正极电刷架；4—电刷弹簧；5—搭铁电刷

电刷架固定在电刷端盖上，电刷安放在电刷架内。直接固定在端盖上的电刷架称为搭铁电刷架或负电刷架，安装在负电刷架中的电刷称为负电刷。用绝缘板将电刷架绝缘固定在电刷架盖上的电刷架称为绝缘电刷架或正电刷架，安装在正电刷架上的电刷称为绝缘电刷或正电刷。电刷弹簧压在电刷上，其作用是保证电刷与换向器接触良好，如图4-5所示。

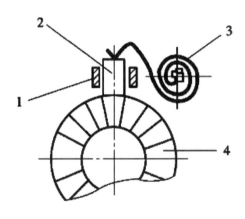

图4-5 电刷安装

1—电刷架；2—电刷；3—电刷弹簧；4—换向器

端盖衬套（轴承）。启动机的工作时间很短，一般采用青铜石墨轴承或铁基含油滑动轴承支承电枢轴的转动。由于减速启动机电枢的转速较高，因此往往采用滚柱轴承或滚珠轴承。衬套（轴承）镶嵌在启动机前后端盖中。

（2）直流电动机的工作原理

直流电动机根据通电导体在磁场中受电磁力作用而发生运动，如图 4-6 所示。换向器的作用，使在 N 极和 S 极之间，处于上、下面导体的电流方向保持不变，电磁力形成的转矩方向保持不变，使电枢始终按一定的方向转动。

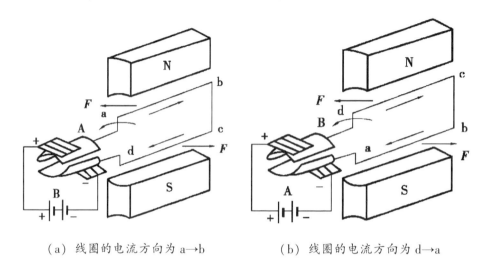

（a）线圈的电流方向为 a→b      （b）线圈的电流方向为 d→a

**图 4-6 直流电动机工作原理**

电枢绕组虽然能按一定的方向转动，但是每当转到垂直位置时，都是依靠惯性转过，转动很不平稳，电磁力产生的电磁转矩也很小。为了增大电磁转矩和提高电动机的平顺性，实际使用的电动机采用了多组电枢绕组和多对磁极。对于结构一定的电动机，其电磁转矩 $M$ 与磁极磁通 $\Phi$ 、电枢电流 $I$ 成正比，其数学表达式为：

$$M = C_m \Phi I$$

式中：$C_m$ ——电机结构常数，取决于电动机的结构。

**2. 传动机构**

启动机的传动机构由单向离合器和拨叉组成。单向离合器的功用是单方向传递力矩，即启动发动机时，将电动机的驱动转矩传递给发动机曲轴（传递动力）；当发动机启动后又能自动打滑（切断动力），以免损坏电动机。这是因为发动机飞轮与启动机驱动齿轮之间的传动比为 1：10~1：15，当发动机启动后如果动力联系不及时切断，飞轮就会带动电枢以 8000~15000r/min 的转速高速旋转，从而导致电枢绕组从铁芯槽中甩出而损坏电枢。

启动机采用的单向离合器有滚柱式、弹簧式和摩擦片式 3 种。桑塔纳、捷达、丰田、奥迪等小轿车用中小功率汽油发动机的启动机上广泛采用的都是滚柱式单向离合器。弹簧式单向离合器具有结构简洁、寿命长久和经济性好的特点，因此被广泛应用于拖拉机、船舶、水泵和发电机组等，而摩擦片式离合器可以传递较大转矩，主要用于柴油发动机启动机。

### 3. 控制装置

启动机在工作时电路中会有很大的电流通过，同时在启动时要把电机动力传递给发动机，发动机启动着火后又要及时切断动力传递。所以，为了安全、可靠地操作，对启动机电路的控制，采用了电磁开关。

（1）电磁开关的作用和构造

电磁开关控制启动机驱动齿轮与飞轮的啮合与分离以及电动机电路的通断。电磁开关主要由吸引线圈、保持线圈、活动铁芯、接触盘、触点等部件组成，如图4-7所示。

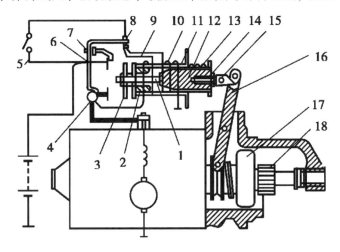

图 4-7　启动机控制装置结构图

1—推杆；2—固定铁芯；3—接触盘；4—"C"端子；

5—点火开关；6—"30"端子；7—端子；

8—"50"端子；9—吸引线圈；10—保持线圈；11—电枢轴衬套；12—活动铁芯；

13—复位弹簧；14—调节螺钉；15—挂钩；16—拨叉；17—单向离合器；18—驱动齿轮

（2）电磁开关的工作原理

接通点动开关5，电磁开关通电，其电流通路为：吸拉线圈中电流由蓄电池正极→启动机"30"端子6→点火开关5→启动机"50"端子8→吸引线圈9→启动机"C"端子4→启动机磁场和电枢线圈→启动机外壳搭铁→蓄电池负极。保持线圈中电流为蓄电池正极→启动机"30"端子6→点火开关5→启动机"50"端子8→保持线圈10→启动机外壳搭铁→蓄电池负极。

此时，通过吸引线圈9和保持线圈10的电流产生的磁力方向相同，在两线圈磁力的共同作用下，使活动铁芯12克服弹簧力左移，带动拨叉16将驱动齿轮向右推向飞轮，与此同时，活动铁芯将接触盘3顶向触点"C"端子4和"30"端子6。当驱动齿轮与飞轮啮合时，接触盘3将触电4、6接通，使启动机通入启动电流，产生正常电磁转矩，通过传动装置带动发动机。接触盘接通触点时，吸引线圈 9 被短路，活动铁芯 12 靠保持线圈 10 的磁力保持在吸合的位置。

发动机启动后，在断开启动开关的瞬间，接触盘 3 仍在接触位置，此时电磁开关线圈电流为：蓄电池正极→启动机"30"端子 6→接触盘 3→启动机"C"端子 4→吸引线圈 9→启动机"50"端子 8→保持线圈 10→启动机外壳搭铁→蓄电池负极。此时，吸引线圈 9 中通过的电流方向与启动时相反，吸引线圈 9 产生了与保持线圈 10 相反方向的磁通，两线圈产生的磁力互相抵消，活动铁芯 12 在复位弹簧 13 力的作用下复位，使驱动齿轮 18 退出。与此同时，接触盘 3 也回位，切断启动机电路，启动机便停止工作。

## （二）启动机的拆装与检修

### 1. QD1225 型启动机解体步骤

（1）将启动机外部擦拭干净，并在各结合面上作记号，以便顺利装复启动机。

（2）拆下电磁开关 C 接线柱螺母，取下导线端子。

（3）从后端盖上拆下电磁开关 3 个固定螺栓，取下电磁开关总成。

（4）拆下两根穿心螺栓，取下启动机后端盖、拨叉定位块。

（5）拆下前端盖上的衬套盖帽紧固螺钉，取下衬套盖帽及密封垫。

（6）取下电枢轴卡片，从壳体中轻轻拔出电枢轴。

（7）分离启动机壳体与后端盖。

（8）用尖嘴钳抬起电刷弹簧，拆下电刷架、电刷，分离电刷架与励磁绕组。

（9）从电枢轴上拆下定位锁簧与定位垫片。

（10）用冲击起子拆下励磁绕组铁芯固定螺栓，分解励磁绕组、铁芯及壳体（若检测符合要求，尽量不要执行此拆装）。

### 2. 启动机主要零部件的检测与维修

对拆下的启动机零部件检查前要进行清洁。清洁启动机零部件时，对所有的绝缘零部件，用干净抹布蘸少量汽油擦拭干净即可，不能用清洗剂浸泡。其余零部件应用汽油或其他清洗剂洗刷干净。

（1）电枢轴的圆跳动检查，不大于 0.1mm。大于 0.1mm，应进行电枢校正。

（2）换向器的径向圆跳动量检查，最大允许径向圆跳动量为 0.05mm。大于规定值，应在车床上车削校正。换向器表面无脏污和烧蚀，如有用 0 号砂纸清洁或在车床上修整。

（3）用游标卡尺测量换向器的直径，其标准值为 36.0mm，最小直径为 35.0mm。若直径小于最小值，应更换电枢。

（4）测量凹槽深度，标准凹槽深度为 0.6mm，最小凹槽深度为 0.2mm。若凹槽深度小于最小值，用锯条剔修到标准。换向器云母片凹槽，应清洁无异物，边缘光滑。

（5）电枢绕组断路检查，电阻应为 0。如果不符合要求，须寻找断点或接触不良处焊接或更换电枢轴总成。

（6）电枢绕组短路检查，电阻应为无穷大。如果不符合要求，须更换电枢轴总成。

（7）励磁绕组断路检查，电阻应为 0。如果不符合要求，须重绕绕组或者更换总成。

（8）励磁绕组短路检查，电阻应为无穷大。如果不符合要求，须重绕绕组或者更换总成。

（9）检查电刷高度，应为 14~18mm。如果低于 10mm，须更换新品。

（10）检查正极电刷架与负极电刷架之间的导通性。若导通，须修理或更换电刷架。电刷架应无歪斜、松旷和变形情况，若有则须更换。

（11）检查单向离合器，正向测得力矩应大于 24~26（N·m），反向转动应灵活无卡滞，驱动齿轮无折齿和严重磨损。如不符合要求须更换新品。

（12）检修电磁开关"50"与"C"端子之间的电阻，应为 0.3~0.5Ω，"50"端子与外壳间的电阻应为 1.0~1.5Ω。若测量值小于标准值或为无穷大，说明线圈有故障，应予更换。

## 二、启动机的装复

启动机的组装可按启动机分解的相反顺序进行，但应注意：安装时，在电枢轴螺旋花键、端盖衬套中应涂上润滑脂；不要漏装各紧固螺栓处的弹簧垫，防止装车后振动松脱。

## 三、电磁开关性能测试

### 1. 电磁开关牵引性能的测试

如图 4-8 所示，将装复好的启动机固定在桌虎钳上，拆下启动机端子"C"上的磁场绕组电缆引线端子，用带夹电缆将启动机"C"端子和电磁开关壳体与蓄电池负极连接，用带夹电缆将启动机"50"端子与蓄电池正极连接，此时驱动齿轮应向外移动。如驱动齿轮不动，说明电磁开关存在故障，应予修理或更换。

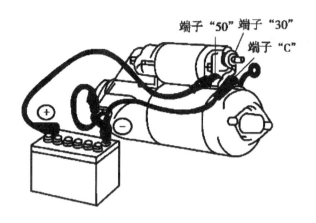

图 4-8　电磁开关吸引线圈性能检测

**2. 电磁开关保持性能的测试**

在吸拉试验基础上，当驱动齿轮保持在伸出位置时，拆下电磁开关"C"端子上的电缆夹，如图 4-9 所示，此时驱动齿轮应保持在伸出位置不动。如驱动齿轮回位，说明保持线圈断路，应予修理。

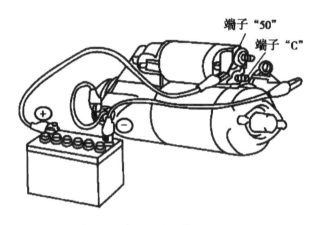

图 4-9　电磁开关保持线圈性能检测

**3. 电磁开关复位性能的测试**

在保持动作的基础上，拆下启动机壳体上的电缆夹，如图 4-10 所示，此时驱动齿轮应迅速回位。如驱动齿轮不能回位，说明回位弹簧失效，应更换弹簧或电磁开关总成。

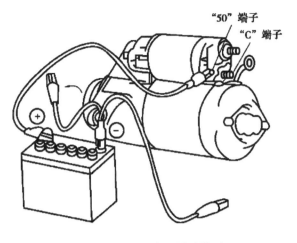

图 4-10　复位性能检测

## 四、启动机的性能测试

### 1. 空载试验

空载试验测得的数据可以定性反映出启动机装配质量和内部电路故障。将启动机夹紧在汽车电气试验台上时，按照图 4-11 所示接通启动机电路，启动机应运转均匀，电刷无火花。试验台仪表板上启动电流表、启动电压表和转速表的读数应符合规定值。要特别注意每次空载试验不应超过 1 分钟，以免长时间运行导致启动机过热烧毁绝缘层。

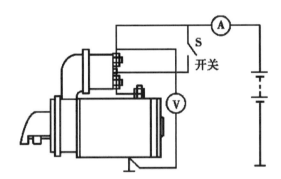

图 4-11　启动机空载试验接线图

### 2. 制动试验

在空载试验通过后，可通过测量启动机全制动时电流和扭矩来检验启动机电器和机械性能良好与否。通过扭矩测量装置卡紧启动机驱动齿轮，按照图 4-12 所示连接电路，通电后迅速记下试验台仪表板上启动电流表、启动扭矩表和启动电压表的读数，其全制动电流和制动转矩应符合规定值。

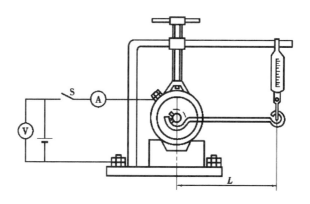

图 4-12　启动机制动试验安装接线图

进行启动机全制动试验时动作要迅速，一次试验时间不要超过 5 秒钟，以免烧坏电动机及对蓄电池使用寿命造成不利影响。

# 第二节　启动机不转故障诊断与排除

## 一、启动车辆前的准备和检查

第一，车辆变速杆置空挡位置，拉紧驻车制动器，防止溜车。

第二，检查发动机机油、冷却液液面高度，确保发动机启动后不会因缺少润滑油、冷却液而导致事故。

## 二、启动系统使用注意事项

第一，启动机每次启动时间不超过 5 秒钟，防止长时间大电流放电损坏蓄电池。两次启动时间应间歇 15 秒钟以上，以使蓄电池得以恢复。如果连续两次仍无法启动，应在检查与排除故障的基础上停歇 2~5 分钟以后再行启动。

第二，在冬季或低温情况下启动发动机时，应对蓄电池采取保温措施或者对发动机采用加热措施，以提高蓄电池性能，减小发动机启动阻力。

第三，发动机启动后，必须立即松开启动踏板或启动按钮，切断启动机控制电路，使启动机停止工作。

第四，启动机在车辆每使用 4 万 km 或者一年时应进行解体拆检和保养，主要项目包含检查电刷及换向器技术状况、润滑各滑动部位、紧固各连接螺栓螺母等。

## 三、启动机从车上拆装步骤

第一，关闭点火开关，拆除蓄电池搭铁线。

第二，用举升机将车辆举起，进入车下工作要注意安全防护，一定要锁定举升机。

第三，拆下空调压缩机固定螺栓，取下空调压缩机。注意不要拆卸管道，用绳索把压缩机吊在车架上，防止损坏管道。

第四，拔掉启动机"50"接线柱上的导线插头；拧下"30"接线柱上的螺母，取下导线。

第五，拆下连接启动机与变速器壳体的 3 个螺栓。

第六，从压缩机安装位置取下启动机。

## 四、启动机无法运转的原因

接通点火开关启动挡位时，启动机不转，是启动系统常见故障现象之一。对于点火开关直接控制的启动系统来说，排除发动机自身机械故障外，造成启动机无法运转的原因主要有：

第一，蓄电池严重亏电。

第二，蓄电池正、负极桩上的电缆接头松动或接触不良。

第三，点火开关内部损坏，无法接通电路。

第四，启动控制电路短路、断路。

第五，启动机磁力开关触点严重烧蚀。

第六，换向器严重烧蚀而导致电刷与换向器接触不良。

第七，电刷引线断路或绝缘电刷（正电刷）搭铁。

第八，电刷弹簧压力过小或电刷在电刷架中卡死。

第九，磁场绕组或电枢绕组有断路、短路或搭铁故障。

## 五、启动机无法运转故障的诊断与排除

启动系统的检修应遵循从简到繁、从外到内的基本原则，在汽车电路识读的基础上，认真检查，以确保检修的安全和有效性。在保证蓄电池、保险丝和继电器（桑塔纳无）、启动机本身都完好的情况下，启动系统若还不能正常工作就应该检查启动线路是否存在故障。线路的检查重点在于线路的断路、短路故障，以及线路和部件的连接情况，接触不良往往是造成故障难以排查的主要原因。只要掌握了启动电路的分析方法，就一定可以查找

到启动机无法工作的原因。

对启动机运转故障，首先应检查蓄电池存电情况和电缆连接情况，特别是检查蓄电池搭铁电缆与启动机 "30" 接线柱电缆是否存在因松脱、严重腐蚀导致的接触不良等，再检查开关线路的导通情况和启动机本身技术状况。

找到故障原因后，对线路松动、脱焊和锈蚀造成的接触不良，要进行紧固和清理；对线路破损造成的断路、短路，要及时更换线路或对线路进行包扎维护；对启动机故障要进行拆检维修或更换；因点火开关造成的故障要更换点火开关总成。

# 第三节　启动机转动无力和空转故障诊断与排除

## 一、启动机转动无力故障诊断与排除

启动机在大负荷下高速运转时需要蓄电池提供大电流，如果启动机转动无力，则发动机无法启动。影响大电流迅速送到启动机电机的因素有多种，如蓄电池故障、电缆连接松动、接触盘烧蚀、电枢和励磁线圈短路、换向器与电刷接触不好等，这些因素都可能造成启动机转动无力。另外，启动电机本身转动部件安装过紧、电枢轴衬套过度磨损等机械故障也会导致运动阻力过大，启动机转动无力。

### （一）启动机转动无力的原因

第一，蓄电池存电不足或其电缆线与极柱接触不良。

第二，电磁开关内接触片、"30" 接线柱、"C" 接线柱触点烧蚀，接触不良。

第三，换向器表面脏污、电刷磨损严重、电刷弹簧过弱，导致电刷与换向器接触不良。

第四，励磁线圈或电枢绕组短路。

第五，电枢轴衬套磨损严重，与电枢轴配合松旷，电枢轴弯曲变形，致使电枢与磁极相碰。

### （二）启动机转动无力故障的诊断与排除

启动机转动无力的主要原因在于蓄电池电量和启动电机本身。故障诊断流程和方法与启动机不转基本相同。其故障诊断与排除方法如下所示：

第一，按喇叭检查判断蓄电池电量和电缆连接状况，若蓄电池存电量不足或出现连接松动、锈蚀造成的接触不良，应对蓄电池进行充电及检修，并连接好电缆线。

第二，用起子或导线连接启动机"30"接线柱与"C"接线柱，此时，若启动机转动良好，表明电磁开关接触不良，应检修或更换电磁开关总成。

第三，用起子或导线连接启动机"30"接线柱与"C"接线柱后，若启动机仍转动无力，表明故障在启动机内部，应对启动机进行解体检修或换用新件。

## 二、启动机空转故障

启动机在车辆启动过程中扮演着至关重要的角色，但有时候可能会遇到启动机空转的问题。启动机空转指的是启动机在高速运转时，未能有效带动发动机转动，同时可能伴有齿轮碰撞的声响，甚至在某些情况下，即使发动机已经启动并着火，启动机仍然持续高速旋转无法停止。

当遇到启动机无法停转的故障时，必须立即采取行动，以防止启动机因长时间过载运行而损坏。首先，应迅速拆除蓄电池的搭铁线，以切断电源供应，从而保护启动机免受进一步损害。随后，应尽快安排对启动机进行专业的检修。

启动机空转故障可能由多种原因引起，包括单向离合器失效、启动齿轮与飞轮齿圈啮合不良、启动齿轮行程调整不当等。因此，在检修过程中，需要仔细检查这些关键部件的状态，并根据实际情况进行相应的维修或更换。

### （一）造成启动机空转故障的原因

第一，点火开关不回位。

第二，电磁开关触点烧结在一起，不能分离。

第三，电磁开关活动触点回位弹簧过软或折断。

第四，单向离合器打滑、单向离合器在电枢轴上轴向卡滞。

第五，拨叉变形使驱动齿轮不能移动。

第六，启动机驱动齿轮、发动机飞轮齿圈严重磨损或者有折齿。

### （二）启动机空转故障诊断与排除

第一，断开蓄电池搭铁线，检查点火开关，将启动钥匙拧到启动挡（start），然后放松，观察能否自动跳回运行挡（run），不符合要求时，应更换新的点火开关。

第二，若启动时有齿轮撞击声，检查启动机在汽车离合器壳体上固定的 3 个螺栓是否松动。

第三，从车上拆下启动机，检查启动机驱动齿轮、发动机飞轮齿圈是否存在严重磨损或断齿现象，检查启动机电枢轴安装孔内衬套是否严重磨损，如有，则应更换单向离合器或启动机总成、飞轮齿圈、衬套。

第四，用万用表R×1Ω挡检查电磁开关"30"接线柱与"C"接线柱间的电阻值，在未通电情况下接触盘与触点应彻底分离，其电阻值应为无穷大。若有阻值，应检修接触盘与触点或者更换电磁开关总成。

第五，若无以上现象，分解检查启动机，按照启动机检修方法检查，看单向离合器在电枢轴上运动是否灵活、单向离合器工作是否正常。若单向离合器出现打滑或运动不灵活时，应查明原因，及时进行排除或更换。检查拨叉是否变形、严重磨损，若有上述故障，须更换新品或更换启动机总成。

第六，启动机装上发动机时，紧固螺栓一定要按照规定力矩拧紧，否则在车辆运行过程中可能会由于启动机松动而影响启动性能。桑塔纳发动机启动机固定螺栓拧紧力矩为20N·m。

## 三、具有空挡启动开关的单继电器控制的启动系统电路

桑塔纳等车辆启动时直接使用点火开关控制启动机上电磁开关的通断。这种控制方式通过点火开关的电流较大，容易烧坏点火开关，造成启动系统故障。现在很多车辆上已经采用了启动继电器控制启动机电磁开关的方式，点火开关只是控制电流较小的启动继电器线圈电路，而由启动继电器触点控制启动机电磁开关线圈中较大电流的通断。如图4-13所示丰田车系启动系统电路原理图。

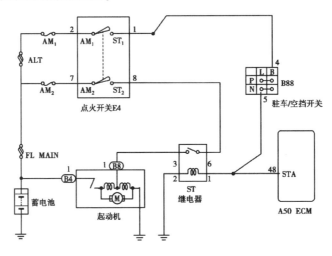

**图4-13 丰田车系启动系统电路原理图**

为了防止车辆启动时发生意外，往往在启动电路中还串入一个空挡开关。如图 4-13 所示，只有挡位处于 N（空挡）或者 P（停车挡）时，车辆才可启动。对这种启动电路控制方式，在启动系统故障诊断时，要考虑对继电器和空挡开关的检查。

该启动系统的工作过程如下：

第一，启动车辆前，空挡开关 B88 必须置于 N（空挡）或者 P（停车挡）。

第二，启动时，当点火开关 E4 转到 STAR（启动）位置，开关 ST1、ST2 同时闭合，继电器 ST 控制电路电流通过蓄电池→保险丝 FL MAIN→保险丝 ALT→保险丝 AM1→点火开关 ST1→空挡开关 B88→启动机继电器 ST 线圈→搭铁，使启动继电器 ST 线圈通电，启动机继电器触点闭合。同时，启动机电磁开关控制电路通过蓄电池→保险丝 FL MAIN→保险丝 AM2→点火开关 ST2→启动机继电器 ST 触点→启动机 B8 接线柱（"50"接线柱）→搭铁，推动启动机电磁开关接通 B4 接线柱（"30"接线柱）与"C"接线柱主电路，并推动驱动齿轮与飞轮齿圈啮合。

启动机主电路通过蓄电池→启动机 B4 接线柱（"30"接线柱）→"C"接线柱→启动机励磁绕组→正电刷→电枢绕组→负电刷→搭铁，驱动电机旋转。

发动机启动后，启动开关弹回 RUN（位置），控制电路断电，启动过程结束。

## 四、组合继电器控制的启动控制电路

东风 EQ1091 载货汽车启动系统在控制电路中采用了 JD171 型组合继电器，如图 4-14 所示。该组合继电器由启动继电器和保护继电器两部分组成。其中，启动继电器用来控制启动机电磁开关中吸引线圈和保持线圈中电流的通断，保护继电器使启动电路具有自动保护功能，在发动机启动后自动停止启动机工作，在发动机运转时防止误启动。

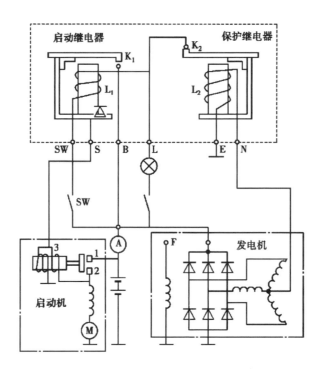

图 4-14　东风 EQ1091 启动系统 JD171 型组合继电器工作原理

组合继电器控制启动电路工作原理如下：

第一，启动时，点火开关闭合，控制电路电流回路为：蓄电池正极→电流表→点火开关 SW→继电器线圈 $L_1$→常闭触点 $K_2$→搭铁→蓄电池负极。继电器线圈 $L_1$ 通电使常开触点 $K_1$ 闭合，接通了电磁开关电路。启动机电磁开关电路：电池正极→B→启动继电器触点 $K_1$→S→启动机电磁开关线圈 3→搭铁→蓄电池负极。电磁开关通电后启动机主电路被接通，启动机旋转带动发动机。

第二，启动后，松开点火开关，线圈 $L_1$ 断电→启动继电器触点 $K_1$ 打开→切断了电磁开关电路→电磁开关复位→启动机停转。

第三，点火开关失效保护：如果启动后，点火开关因故没断开，这时线圈 $L_2$ 有发电机中性点 N 的电压，使常闭触点 $K_2$ 打开，切断了线圈 $L_1$ 的电路，触点 $K_1$ 断开，使电磁开关断电，启动机自动停止。

第四，误启动保护：若发动机运转时误启动，线圈 $L_2$ 总有发电机中性点电压，保护继电器触点 $K_2$ 处于打开状态，线圈 $L_1$ 不能形成电流回路，电磁开关不动作，启动机不工作。

# 第五章　汽车曲柄连杆与配气机构维修

## 第一节　曲柄连杆机构与维修

### 一、曲柄连杆机构的功用与组成

曲柄连杆机构是发动机实现热功转换的主要机构。其主要功用是将气缸内气体作用在活塞上的力转变为曲轴的旋转力矩，从而输出动力。

曲柄连杆机构主要包括机体组、活塞连杆组和曲轴飞轮组三部分。在有些发动机上，为平衡曲柄连杆机构的振动，还装有平衡轴装置。

第一，机体组：主要由气缸体、气缸盖、气缸垫等组成。

第二，活塞连杆组：主要由活塞、活塞环、活塞销、连杆及连杆轴承等组成。

第三，曲轴飞轮组：主要由曲轴、曲轴主轴承和飞轮等组成。

### 二、气缸体的构造与维修

#### （一）气缸体的构造

气缸体是发动机的装配基体，其结构复杂，一般由铸铁或铝合金材料铸造而成。气缸为圆柱形空腔，活塞在其内部作往复直线运动，多个气缸组合成一体即为气缸体。

根据气缸的排列形式进行划分，可将气缸体分为直列式、卧式和 V 形 3 种结构形式。

气缸体下部包围着曲轴的部分称上曲轴箱。为安装曲轴，在上曲轴箱内加工有若干个同心的主轴承座。曲轴箱的主要功用是保护和安装曲轴，也可用于安装发动机附件。曲轴箱有 3 种结构形式。曲轴箱底平面与曲轴中心线平齐的为平分式，此结构形式便于加工，多用于中小型发动机。曲轴箱下平面位于曲轴中心线以下的为龙门式，此结构形式强度和刚度均比平分式大，但工艺性较差，多用于大中型发动机。隧道式的主轴承座孔为整体式，其强度和刚度最高，但工艺性差，只用于少数机械负荷较大、采用组合式曲轴的发动机。为了保证发动机的正常工作温度，在水冷式发动机的气缸体和气缸盖内设有水流通道，称之为水套。

在气缸体的侧壁上加工有主油道，在主油道与需润滑的部位（如主轴承等）之间有分油道连通。发动机工作时，润滑油经主油道和分油道输送到各摩擦表面。在凸轮轴下置或中置的发动机气缸体上，还加工有安装凸轮轴的轴承座孔。气缸体的上、下平面分别用于安装气缸盖和油底壳。在气缸维修加工时，一般也以其上平面或下平面作为基准面。

## （二）气缸体的清洗

清洗气缸体之前，应将油道堵头及可拆下的零件全部拆下。凸轮轴和曲轴轴承等零件拆下后应做位置记号，以便装回原位。由于凸轮轴位于发动机的核心部位，其拆装过程需要精确地操作，需要特定的工具，拆装起来比较困难。铜质凸轮轴轴承不会被清洗液腐蚀，如无损坏可不必拆下。其他材质的凸轮轴轴承，价格比较便宜，拆下后一般不重复使用。气缸体上的油污应使用清洗液进行热清洗（注意：铝合金气缸体不能使用碱性清洗液清洗），清洗后必须用清水彻底冲刷，以免残留的清洗液对机件产生腐蚀。气缸体清洗后会很快干燥，应立即在其各加工表面涂上润滑油，以防止生锈。

气缸体内加工的油道，可用油道清洁刷和热肥皂水进行清洁。油道清洁后，应立即将油堵安装好，并将气缸体放置在清洁处。

## （三）气缸体裂损的检查与修理

发动机使用过程中，若发现冷却水异常消耗或润滑油中有水，则表明气缸体、气缸盖或气缸垫可能有裂损（裂纹或蚀损穿洞）。气缸体裂损一般是由设计制造中的缺陷、冷却水结冰或意外事故造成的。气缸体裂损会出现漏气、漏水、漏油等明显症状，影响发动机的正常工作，出现此类事故，必须及时修理或更换。

### 1. 气缸体裂损的检查方法

气缸体裂损一般发生在水套或其他壁厚较薄的部位。明显的裂损可用目视或 5 倍放大镜检查出来，细小的裂损可通过水压或气压试验检查。

水压或气压试验压力约为 0.3~0.4MPa。试验时，密封水道，将水压入气缸体，漏水部位即为气缸体裂损部位。气压试验时，将压缩空气压入气缸体后，将气缸体放入装水的容器或在气缸体表面涂肥皂水，冒气泡的部位即为气缸体裂损部位。检查出裂损部位后，应做好标记，以便修理。对气缸体的裂损可视情况采用焊补、粘接、螺钉填补等修复方法，必要时应及时进行更换。

### 2. 气焊修理

气焊是利用可燃气体（乙炔）处于氧气中燃烧时产生的热量将焊条与焊件熔化为一体的简便焊接方法。此方法操作简单、成本低，但焊后变形情况较为严重。

对铸铁气缸体裂损可采用气焊修复。焊接前，可用汽油或洗涤剂清除焊接表面油污，并用砂布或其他方法清除锈迹和杂质，直至露出金属本色。若焊接部分厚度在 6mm 以上，应开 V 形坡口。若焊接部分在 15mm 以上，应开 X 形坡口。施焊时，选用 QHT1 铸铁焊条，对气缸体预热 600~700℃，在不低于 400℃下施焊。

### 3. 手工电弧焊修理

对铸铁气缸体裂损也可采用手工电弧焊修理。此方法焊接强度高，施焊速度快，但工艺复杂，成本较高。

采用手工电弧焊修理前，应清洁焊接表面，并在裂纹发展走向前方距裂纹终点约 3~5mm 处钻止裂孔，以防止裂纹延伸，止裂孔直径一般为 3~5mm。对裂损较深的气缸体，为保证焊条金属与基体金属很好地结合，增加焊接强度，应在裂损处开坡口。

### 4. 粘接修理

对铝合金气缸体裂损可采用粘接修复。此方法工艺简单，成本低，且不会引起变形和金属组织的变化，在机械修复中应用广泛。

在粘接修理中，采用的粘接剂种类繁多，汽车零件粘接修复中常用的有环氧树脂胶、酚醛树脂胶和氧化铜胶等。其中氧化铜胶耐热性好（耐热温度 600℃~900℃），最适宜气缸体粘接。氧化铜粘接剂是由 320 目的纯氧化铜粉和密度为 $1.7 g/cm^3$ 的正磷酸（H3PO4）调制而成，调制工序为：将氧化铜粉和无水磷酸放在铜片上用竹片调匀，待能拉出 7~10mm 细丝时即可使用。粘接的方法可采用开 V 形槽法或贴加布层法。

### 5. 螺钉填补修理

对气缸体上较长的单裂纹可采用螺钉填补修复。方法如下：

（1）在裂纹两端钻直径为 3~5mm 的孔，并在钻好的孔内攻丝，将预先制好的紫铜螺钉旋入螺孔，将螺钉在距气缸体 2~4mm 处锯断。

（2）在靠近孔处钻孔，再攻丝，旋入螺钉并锯断。用同样方法依次在裂纹上补满螺钉。

（3）用手锤将螺钉和气缸体铆平并相互咬紧即可。

## （四）气缸磨损的检查与修理

发动机工作中，由于活塞在气缸内做往复直线运动，所以会造成气缸的磨损。气缸磨损严重时，会导致漏气、窜油，使发动机动力性和经济性下降。

### 1. 气缸磨损的检查

气缸磨损是有规律的。由于气缸上部润滑条件较差，而且气缸内燃烧的高压产生在活塞上止点附近，所以气缸的磨损一般呈上大下小的圆锥形。由于活塞在上、下止点换向时，其侧压力使活塞贴紧气缸的左右两侧，所以气缸在与曲轴轴线垂直的方向上磨损严重，而沿曲轴轴线方向上（发动机纵向）的磨损较轻。

可在清洁气缸壁上的油污和积炭后，在气缸的上、中、下3个不同的高度及气缸的纵向和横向两个方向的6个部位，用量缸表测量气缸直径，然后根据测量结果计算出气缸的最大磨损量、圆度和圆柱度。气缸的最大磨损量等于最大测量直径与标准直径之差，圆度等于在同一高度上测得的两个直径之差的一半，圆柱度等于在上、下两个高度上测得的最大直径与最小直径之差的一半。气缸磨损若未超过其使用极限，可更换活塞环继续使用。若气缸磨损超过使用极限，应进行镗磨修理或镶套修理。

### 2. 气缸的镗磨

镗磨气缸是指用专用的镗缸机对气缸实施镗削加工后，再使用珩磨机对镗削后的气缸进行珩磨。在一些汽车工业发达的国家，气缸镗磨修理技术已基本消失，在我国的应用也在逐渐减少。

### 3. 气缸的镶套

无修理尺寸的气缸，或气缸虽有修理尺寸，但其磨损后的尺寸已接近或超过最后一级修理尺寸时，可用镶气缸套的方法进行修理。对无气缸套的气缸进行镶套前，必须先加工承孔，承孔内径与缸套外径采用过盈配合。对镶有干式气缸套的气缸体，应用压力机压出旧缸套，并检查承孔与待换缸套过盈量是否符合要求。干式气缸套与承孔过盈量一般为0.03~0.08mm。新缸套应使用压力机压装，压装后气缸套上端平面应与气缸体上平面平齐。对装用湿式气缸套的气缸体，更换缸套时，只需要拆旧换新，不需要对承孔进行加工。但应注意：湿式缸套装配后应高出气缸体上平面0.05~0.15mm，以防漏水。

## （五）气缸体上平面变形的检查与修理

气缸体上平面变形多是由于发动机长期过热等原因引起的，这种变形会影响气缸体与气缸盖接合的密封性，进而影响发动机的正常运行和车辆性能。

### （六）断头螺栓的修理

在发动机维修中，可能会遇到拆卸断头螺栓的问题，这需要采用特定的方法和工具。如果断头螺栓高出缸体平面，可用钳子拆卸，或将断头螺栓高出部分锉修成扁方后用扳手拆卸。如果断头螺栓沉入孔不深，可用冲子将其逆时针冲出，或用正反转的电钻配以左旋转头钻动断头螺栓也可将其拆出。当断头螺栓无法拆出时，也可用钻重新攻制螺纹的方法进行修理，钻、攻时必须特别仔细，若钻、攻失败，则可将孔钻大并攻制大一级的螺纹，再配以相应的螺栓。

## 三、气缸盖、气缸垫的构造与维修

### （一）气缸盖的构造

气缸盖的功用是封闭气缸体上部，并与活塞顶构成燃烧室。气缸盖结构复杂，一般采用铸铁或铝合金材料铸造而成。对具体发动机而言，气缸盖的结构各异，但有许多共同点。

气缸盖与气缸体接合平面上的凹坑是燃烧室的组成部分。由于发动机一般都采用顶置气门式配气机构，所以可在气缸盖上加工有气门座、气门导管孔、气道、摇臂轴安装座或凸轮轴安装座孔等。为润滑安装在气缸盖上的运动零件，在气缸盖内加工有油道。

在水冷式发动机的气缸盖内设有水套，气缸盖端面上的冷却水孔与气缸体上的冷却水孔相通，以便用循环冷却水对燃烧室等高温机件进行冷却。汽油发动机的气缸盖上还加工有火花塞安装座孔，柴油发动机气缸盖则加工有喷油器安装座孔。

在缸心距较大、缸数较多的发动机上，为制造和维修方便，减小缸盖变形对气缸密封性的影响，有些采用分开式气缸盖，即一缸一盖、二缸一盖或三缸一盖。

### （二）气缸盖的维修

#### 1. 气缸盖裂损的检查与修理

气缸盖裂损一般发生在水套薄壁处或气门座等处，会导致漏水或漏气。裂损的出现一般是铸造引起的残余应力或使用不当造成的。气缸盖裂损可参照气缸体裂损进行检查与修理。

### 2. 气缸盖平面变形的检查与修理

气缸盖平面变形多发生在与气缸体的接合平面上，会影响气缸密封性，其原因一般是热处理不当，缸盖螺栓拧紧力矩不均或放置不当。检查方法与气缸缸体上平面变形检查基本相同，平面度误差一般不能超过 0.05mm，否则应进行修理或更换。

对铝合金缸盖的变形多用压力校正法修理，即：将缸盖放置在平台上，用压力机在其凸起部分逐渐加压，同时用喷灯在变形处加热至 300℃~400℃，待缸盖平面与平台贴合后保持压力直到冷却。

对铸铁气缸盖的变形一般采用磨削或铣削方法进行修理。但切削量不能过大，一般不允许超过 0.5mm，否则将改变发动机压缩比。

### 3. 清除燃烧室积炭

气缸盖上燃烧室内的积炭过多，会使燃烧室有效容积变小，改变发动机的压缩比。拆下气缸盖后，若发现燃烧室积炭过多，应采用机械方法或化学方法进行清理。

### 4. 火花塞座孔损坏的修理

汽油发动机的火花塞为易损零件，使用中经常拆装。频繁的拆装有时会导致火花塞座孔螺纹损坏导致其性能下降，针对此类问题可采用镶套法修理，即：将损坏的火花塞座孔钻大（约 10mm）并攻制细牙螺纹，再用与气缸盖相同的材料加工一个合适的螺堵拧入已加大的火花塞座孔，在螺堵上加工安装火花塞的螺纹座孔。

### 5. 气缸盖的拆装

为避免气缸盖变形或损坏，拆卸气缸盖时，气缸盖螺栓应按由四周向中央的顺序，分2~4 次逐渐拧松。

## （三）气缸垫的构造与维修

### 1. 气缸垫的构造

气缸垫是安装在气缸盖与气缸体之间的重要部件，其功用是填补气缸体与气缸盖之间的孔隙，确保结合面处有良好的密封性。目前应用的气缸垫多数由金属与石棉及黏合剂压制而成，具有一定的弹性，用以补偿气缸体和气缸盖接触面的平面度误差。气缸垫的水孔和燃烧室孔周围有镶边，以防被高温的冷却水或气体烧坏。

### 2. 气缸垫的维修

气缸垫的常见故障是烧蚀击穿，其原因主要是气缸盖和气缸体平面不平、气缸盖螺栓拧紧力矩不符合标准、气缸垫质量不好。气缸垫烧蚀击穿部位一般在水孔或燃烧室孔，会导致发动机漏气或冷却水进入润滑油中。损坏的缸垫只能更换，不能修理。

## 四、活塞的构造与维修

### （一）活塞的构造

活塞的功用主要是承受气缸中气体的压力，并将此压力传给连杆，以推动曲轴旋转，此外，活塞的顶部还与气缸盖和气缸体共同组成燃烧室。

活塞工作时承受很大的气体压力和高温，所以活塞必须有足够的强度和刚度，并且要耐高温。此外，由于活塞在气缸内作往复运动，发动机在 3000r/min 的转速下工作时，活塞在每分钟内则需换向 6000 次，所以活塞必须尽可能的轻，以减小活塞换向时的惯性力。为此，活塞一般都用铝合金材料铸造或锻造而成。

活塞主要由活塞顶部、活塞头部和活塞裙部 3 部分组成，在活塞裙部的上部有活塞销座。

#### 1. 活塞顶部

活塞顶部是燃烧室的组成部分，其主要作用是承受高温气体的压力。为适合各种发动机的不同要求，活塞的顶部有各种不同的形状。有些活塞顶部在与气门对应的位置上有凹坑，是为防止活塞在上止点与气门相碰而设的。活塞缸位序号、加大尺寸、安装向前标记等一般也刻在活塞顶部。

#### 2. 活塞头部

活塞头部是指活塞环槽以上的部分，主要用来安装活塞环，以实现气缸的密封。活塞头部加工有安装活塞环的环槽，一般有 3~4 道环槽，最下面一道环槽安装油环，其他环槽安装气环。油环环槽底部的孔可使气缸壁上多余的润滑油通过活塞内腔流回曲轴箱。有些油环槽的底部是一条较窄的槽，除有回油作用外，还有减少活塞头部向裙部传递热量的作用，所以称之为隔热槽。有些活塞的隔热槽设在油环槽下方的活塞裙部，还有些活塞在第一道环槽的上方设有隔热槽，以减少活塞顶部向下传递的热量。

#### 3. 活塞裙部

活塞环槽以下的部分称活塞裙部，为活塞在汽缸内作往复运动起导向作用。在发动机工作时，受气体压力和活塞销座处金属较多的影响，活塞裙部沿活塞销轴线方向膨胀量较大，所以在常温下活塞裙部断面制成长轴垂直于活塞销方向的椭圆形，以保证在热态下活塞与气缸的配合间隙均匀。此外，发动机工作中，由于活塞的温度从上到下逐渐降低，膨胀量逐渐减小，所以在常温下活塞呈上小下大的锥形。

### 4. 活塞销座

活塞销座位于活塞裙部的上部，加工有座孔，用以安装活塞销。在活塞销座孔内一般加工有卡环槽，以便安装活塞销卡环，防止活塞销工作时轴向窜动。有些活塞销座上加工有油孔，以便飞溅的润滑油对活塞销与座孔进行润滑。为减少活塞销座处受热后的变形量，有些活塞的销座外表面是凹陷的。

## （二）活塞的维修

活塞的常见故障有破损、烧蚀、磨损。活塞是易损零件，价格也比较便宜，在汽车维修中应查明故障原因，并予以排除。

### 1. 活塞的清洁

活塞上的积炭主要沉积在活塞顶部，可用刮刀清除。若活塞环槽内有积炭，必须清除干净，否则更换新活塞环后可能无法将活塞装入气缸。活塞环槽内的积炭可用折断的旧活塞环磨出合适的形状进行清除，但应注意不要刮伤活塞环槽底部，清除环槽内积炭后，还应用活塞环在环槽内滚动一圈检查环槽深度是否合适。

### 2. 活塞破损和烧蚀的检查与修理

活塞拆出后应检查其顶部有无异常，若有撞击造成的明显凹陷甚至是裂损，应及时查明故障原因，予以排除。发动机工作中，造成活塞受撞击损坏的原因一般是气门间隙过小、配气相位失准、气门弹簧折断等导致活塞与气门相撞，或维修时气缸内掉入异物。对受损的活塞，若其顶部虽有凹陷但无裂损可继续使用，若发现有裂纹或孔洞必须更换新件。活塞烧蚀呈现在活塞顶部，轻者有疏松状麻坑，重者有局部烧熔现象。活塞烧蚀主要是点火过早、汽油选用不当或长期在大负荷下工作等原因导致发动机产生爆震燃烧，使气缸内温度过高所引起。烧蚀较轻的活塞，允许继续使用，但烧蚀严重时必须更换，同时应对上述原因进行分析，排除故障隐患。

### 3. 活塞环槽磨损的检查与修理

活塞环槽的磨损通常发生在高度方向上，其中第一道环槽磨损最为严重。环槽磨损后使活塞环侧隙增大，如不及时更换新活塞，会引起发动机工作时烧机油和气缸压力下降等故障。

活塞环侧隙是指活塞环与环槽在高度方向上的配合间隙。测量时，可将一个新活塞环放入环槽，用塞尺测量环的侧隙。若更换新活塞环后侧隙过小，可将活塞环平放在细砂布上研磨；若侧隙过大，说明环槽磨损，可将环槽车削加宽并更换加厚的活塞环，也可在活塞环上方加装组合式油环的刮油钢片，但普通发动机的活塞很便宜，一般可将环与活塞一起更换。

### 4. 活塞刮伤的检查与修理

活塞刮伤一般都有明显的痕迹，是由于在温度过高的情况下，活塞与气缸壁瞬时熔接而造成的一种异常磨损现象。活塞轻度刮伤，在不影响与气缸配合间隙的情况下，允许用细砂布打磨后继续使用，刮伤严重的活塞必须更换。

### 5. 活塞的拆装

发动机工作中，活塞与气缸进行了良好的自然磨合，在拆装时不允许各缸活塞互换。因此，从气缸内拆出活塞时，必须注意活塞顶部有无缸位标记，如果没有应作缸位标记。活塞的安装方向涉及多个方面，一般不能装错，在活塞顶部有箭头、缺口标记的通常应朝向发动机前方，裙部有膨胀槽的应朝向承受侧压力较小的一侧（发动机顺时针转动，从前方看为右侧）。

## 五、活塞环、活塞销的构造与维修

## （一）活塞环的构造与维修

### 1. 活塞环的功用

活塞环安装在活塞环槽内，按其功用可分为气环和油环两类。气环又称压缩环，其功用是密封活塞和气缸之间的间隙，防止漏气和窜油，并将活塞承受的热量传给气缸。油环的功用是刮去气缸壁上多余的润滑油，并在气缸壁上均匀布油，减少活塞与缸壁之间的摩擦。一般发动机上装有 2~3 道气环和一道油环。

### 2. 活塞环的构造

活塞环虽然叫环，但在环上切有一个开口，称活塞环开口。利用活塞环开口，可以使活塞环直径略大于气缸直径，这样活塞装进气缸后，活塞环靠其弹性紧压在气缸壁上，以加强密封性。

为提高气环的密封性，防止润滑油窜入燃烧室，在各种发动机上采用了许多不同断面形状的气环。扭曲环有内切口和外切口两种，内切口扭曲环，即切口在内圆上边，而外切口扭曲环的切口则在外圆下边。油环按结构分类可分为整体式和组合式两种。

一般用在负荷较大的发动机上，其外圆中部切有环槽，槽底开有若干回油孔，发动机工作时，利用上下两个板状环形切口将气缸壁上的多余润滑油刮下，并通过回油孔流回曲轴箱。多数轿车发动机都采用三件组合式油环，它由上下两片刮油钢片和一个衬簧组成。刮油钢片很薄，刮油作用极强，对防止润滑油流入燃烧室更有利。

### （二）活塞销的构造与维修

#### 1. 活塞销的构造

活塞销的功用是将活塞和连杆连接在一起，并将活塞承受的气体压力传给连杆。活塞销为空心管状结构，外表面为圆柱形，内孔形状有圆柱形、截锥形和组合形。圆柱形孔容易加工，但活塞销的质量较大。截锥形孔则加工较复杂，但有利于减小活塞销的质量。组合形孔的活塞销质量介于二者之间。

活塞销与活塞销座孔和连杆的连接方式有半浮式和全浮式两种。半浮式连接是在发动机工作时，活塞销与座孔为间隙配合，而活塞销与连杆小头为过盈配合，活塞销只能在座孔内浮动。全浮式连接是在发动机工作时，活塞销与连杆小头和座孔均为间隙配合，活塞销可在座孔和连杆小头的衬套孔内自由转动。采用半浮式连接，连杆小头不必装连杆衬套，从而也减少了连杆衬套的维修作业，但活塞销磨损不均匀。采用全浮式连接，必须在活塞销座孔两端装入卡环，以防止活塞销窜动而刮伤气缸，全浮式活塞销磨损较为均匀。

#### 2. 活塞销的拆装

采用半浮式连接的活塞销，必须在压床上拆卸或安装，主要原因是压床能够提供必要的压力和精度，避免损坏活塞销或连杆。在维修中若不更换活塞，就不必拆下活塞销。采用铝合金活塞时，活塞销在常温下与座孔为过渡配合，安装时可先将活塞在温度为70℃~80℃的水中或油中加热，然后再将活塞销装入。拆卸活塞销时，应将活塞和连杆按缸位摆放好，以免装错。同时还应注意活塞与连杆上是否有安装方向标记，如果没有，应作标记，以便安装时保证其正确的方向。

## 六、连杆的构造与维修

### （一）连杆的构造

连杆的功用是将活塞承受的气体压力传给曲轴，使活塞的往复直线运动转变为曲轴的旋转运动。连杆由连杆小头、杆身和连杆大头（包括连杆盖）三部分组成。

连杆小头与活塞销相连，采用全浮式连接的活塞销时，在连杆小头孔内装有减磨的连杆衬套。为润滑连杆衬套和活塞销，在连杆小头和衬套上加工有集油孔或集油槽。连杆杆身通常采用"工"字形断面，以求在保证连杆强度和刚度的前提下减轻其质量。

连杆大头是分开的，分开的部分称连杆盖，连杆盖与连杆用连杆螺栓连接。连杆螺栓是特制的，其根部有一段直径较大的部分，它与螺栓孔配合起定位作用，防止装配时连杆盖与连杆错位。为保证连杆螺栓连接更加可靠，一般都采用开口销、自锁螺母或双螺母等锁止装置。

连杆大头与曲轴连接，大头内孔装有两半的连杆轴承，轴承有一定的弹性，安装后轴承背面与连杆大头内孔紧密贴合，形成过盈配合。连杆大头的内孔加工有连杆轴承定位的凹槽，安装时轴承背面的凸键卡在凹槽中，使连杆轴承定位。连杆轴承的内表面加工有油槽，用以贮油保证可靠润滑。有些连杆轴承及连杆大头还加工有径向小油孔，从油孔中喷出的油可使气缸壁得到更好的润滑。连杆大头与连杆盖按切分面方向可分为平切口和斜切口两种，采用最多的是平切口。有些负荷较大的柴油发动机连杆，由于连杆大头直径比气缸直径大，为拆装时能使连杆通过气缸，连杆大头与连杆盖切分面采用斜切口形式。斜切口的连杆盖与连杆大头一般不靠连杆螺栓与螺栓孔配合定位，有的在连杆盖的螺栓孔内压装一个定位套与连杆大头螺栓孔配合定位，有的则在切分面上采用锯齿定位、定位销定位或止口定位。连杆大头一般都是对称的，但也有部分发动机（多数是 V 形发动机）为减小连杆大头的轴向尺寸，采用偏位连杆，即连杆大头两端面与连杆杆身中心平面不对称。偏位连杆安装时方向不能装反，V 形发动机装在同一连杆轴颈上的连杆应短面相对，直列发动机偏位连杆的短面应朝向曲轴主轴颈。

## （二）连杆的维修

### 1. 连杆的拆装

连杆大头内孔是与连杆盖配对装合后加工的，而且连杆装配后的质量在出厂时都有较严格的控制，为此，连杆和连杆盖的组合不能装错，一般都刻有配对标记（常用数字），必须严格按照标记进行拆装。连杆上的喷油孔和偏位连杆都有方向性，同时为确保连杆大头和小头与配合件的配合位置准确无误，连杆的杆身上制有朝前的标记，并在连杆大头侧面刻有缸位序号，装配时不可装反，也不可装错缸位。

连杆螺栓必须根据不同发动机的要求按规定力矩拧紧。带开口销的，不可漏装开口销。

### 2. 连杆变形的检查和校正

连杆在工作中，由于受力较大，容易产生弯曲和扭曲等现象（也可称为连杆变形），其主要危害是导致气缸、活塞和连杆轴承出现异常磨损。如活塞裙部在活塞销座两侧或连杆轴承在对角方向的上下两边出现异常磨损，则说明是连杆变形造成的。对采用全浮式连接的活塞销，连杆弯曲可能会引起活塞销卡环脱出。在拆装连杆时，应注意检查连杆的弯曲情况，避免此类问题的发生。

连杆变形量的检查必须使用专用的连杆检测仪器。检查连杆变形时，可将连杆轴承盖装好，活塞销装入连杆小头，再将连杆大头固定在检测器的定心轴上，然后把三点式量规的V形槽贴紧活塞销，用塞尺测量检测器平面与量规指销之间的间隙。三点式量规有3个指销，上面1个下面2个，3个指销均与检测器平面接触，说明连杆无变形；若量规仅上面1个指销（或下面2个指销）与检测器平面有间隙，说明连杆弯曲变形，间隙大小反映了连杆的弯曲程度；若量规下面的两个指销与检测器平面的间隙不同，说明连杆有扭曲变形的情况，两指销的间隙差反映了连杆的扭曲程度；若上述两种情况并存，说明连杆既有弯曲变形，又有扭曲变形。连杆弯曲或扭曲超过其允许极限时，应对连杆进行校正或更换新件。

## 七、曲轴、飞轮的构造与维修

### （一）曲轴的构造

#### 1. 曲轴的功用和基本组成

曲轴的功用是承受连杆传来的力，并由此产生绕自身轴线的旋转力矩，该力矩通过飞轮输送给底盘驱动汽车行驶。曲轴还用来驱动发动机的配气机构和水泵、发电机、空气压缩机等附件。曲轴的基本组成包括前端轴、主轴颈、连杆轴颈（曲柄销）、曲柄、平衡重和后端凸缘等。曲轴上磨光的表面为轴颈。将曲轴支撑在曲轴箱内旋转的轴颈为主轴颈，主轴颈的轴线都在同一直线上。偏离主轴颈轴线用以安装连杆的轴颈为连杆轴颈（或称曲柄销），连杆轴颈之间有一定夹角。连杆轴颈与主轴颈之间还设有润滑油道。将连杆轴颈和主轴颈连接到一起的部分称曲柄，连杆轴颈和曲柄共同将连杆传来的力转变成曲轴的旋转力矩。轴颈与曲柄之间有过渡圆角，以提高结构的强度。曲轴前端轴用以安装水泵皮带轮、曲轴正时皮带轮（或正时齿轮、正时链轮）、起动爪等。曲轴后端凸缘用以安装飞轮。

#### 2. 曲轴的支撑

曲轴的支撑形式按曲轴的主轴颈数，可将曲轴分为全支撑曲轴和非全支撑曲轴。在相邻的两个连杆轴颈之间，都设有主轴颈的曲轴称全支撑曲轴，否则称为非全支撑曲轴。显然，全支撑曲轴的主轴颈数比连杆轴颈数多一个，而非全支撑曲轴的主轴颈数等于或少于连杆轴颈数。

### 3. 连杆轴颈的布置

多缸发动机的连杆轴颈布置因气缸数、气缸排列形式和做功顺序（即点火顺序）而异。多缸发动机连杆轴颈的布置，应尽可能保证连续做功的两个气缸距离足够远，且各缸做功间隔要力求均匀。

为保证发动机运转平稳，一般在连杆轴颈相对的位置上设有平衡重。发动机曲轴设置的平衡重数量有 4 块、6 块、8 块等。在少数发动机上采用组合式曲轴，即将曲轴的各部分分段加工，然后组装成整个曲轴。采用组合式曲轴的发动机，一般连杆大头为整体式，主轴承为滚动轴承，相应曲轴箱为隧道式。

### 4. 曲轴的轴向定位及密封

在汽车使用中，自动变速器的液力变矩器或离合器对曲轴产生轴向推力，汽车上下坡时，均可能使曲轴发生轴向窜动，而曲轴的轴向窜动会影响曲柄连杆机构各零件之间的相互配合位置，所以必须采用定位装置加以限制。曲轴的轴向定位装置是安装在某一主轴承两侧的两个止推垫片，安装在曲轴前端第一道主轴颈处的止推垫片一般为整体式，安装在中间主轴颈处的止推垫片为分开式，有的分开式止推垫片与主轴承制成一体而成为翻边轴承。曲轴前后端都伸出曲轴箱。为防止润滑油流出曲轴箱，在曲轴前后端均设有密封装置。为保证密封可靠，一般都设有两种密封装置。

### 5. 扭转减震器

发动机工作时，经连杆传给曲轴的作用力呈周期性变化，所以使曲轴旋转的瞬时角速度也呈周期性变化。安装在曲轴后端的飞轮，由于转动惯量较大，其瞬时角速度比较均匀，这样就造成曲轴相对于飞轮转动出现时快时慢的现象，使曲轴产生扭转振动。为消减曲轴的扭转振动，在发动机曲轴前端多装有扭转减震器。扭转减震器有橡胶式、摩擦式、硅油式等多种形式，其中较为常用的是橡胶式。

## （二）曲轴的维修

曲轴的常见故障是轴颈磨损、曲轴弯曲和扭曲变形，严重时还会出现曲轴裂纹，甚至断裂。

### 1. 曲轴裂纹的检查与修理

曲轴裂纹一般发生在轴颈两端过渡圆角处或油孔处，裂纹较严重时可观察到，或用锤子轻轻敲击平衡重，有裂纹时声音钝哑。检查裂纹的最好方法是在专用的磁力探伤仪上进行磁力探伤。曲轴裂纹可进行焊修，但一般均要更换新件。

### 2. 曲轴弯曲的检查与修理

曲轴弯曲的检查。将曲轴放在检测平板上的 V 形架上，百分表指针抵触在中间主轴颈上，转动曲轴一圈，百分表指针的摆差（径向圆跳动误差）一般应不超过 0.04~0.06mm。

曲轴弯曲较轻（径向圆跳动误差小于 0.1mm）时，一般可经磨削曲轴后消除。弯曲严重的曲轴必须进行校正，必要时更换曲轴。

在压床上冷压校正曲轴的方法为，将曲轴放在平台的 V 形支架上，使曲轴弯曲的拱面向上，用叉形压头压在两连杆轴颈上（应垫铜皮保护），使曲轴下面两个百分表指针抵触到轴颈上，然后开动压床，根据百分表显示，当加压变形量达到预定值时停止加压，保持 2~3 分钟即可。注意：校正曲轴时，加压的压力方向应与曲轴轴线垂直，加压要均匀；加压变形量应视曲轴材料而定，中碳钢锻造的曲轴为原变形量的 30~40 倍，铸铁铸造的曲轴为原变形量的 15~30 倍；为防止校正后变形又恢复，可进行回火热处理。

### 3. 曲轴磨损的检查与修理

曲轴轴颈的磨损可用外径千分尺测量其直径来确定。一般轿车发动机曲轴轴颈的圆度和圆柱度（计算方法与气缸类似）超过 0.01~0.0125mm 时，应进行磨削修理，如果轴颈直径达到使用极限，应更换曲轴。

曲轴主轴颈磨损严重失圆时，发动机熄火后曲轴往往停在同一位置上，发动机起动时飞轮上总是局部的几个齿与起动机齿轮啮合，所以可根据飞轮齿圈磨损情况判断。连杆弯曲变形可导致连杆轴颈锥形磨损，所以连杆轴颈圆柱度过大时，应检查曲轴是否有弯曲变形。

## （三）飞轮的构造与维修

### 1. 飞轮的功用

飞轮的主要功用是：贮存做功行程中的部分能量，以便在其他行程带动曲柄连杆机构工作；保证曲轴运转均匀，克服短时间的超负荷；通过飞轮齿圈与起动机小齿轮啮合，以便启动发动机；通过飞轮将发动机的动力传递给离合器或自动变速器。

### 2. 飞轮的构造

飞轮是一个转动惯量较大的金属圆盘，飞轮外缘一般较厚，以保证在有足够转动惯量的前提下，尽可能减轻飞轮的整体质量。飞轮的外缘压装有起动用的齿圈，用于与起动机的驱动齿轮啮合，从而启动发动机。飞轮通过螺栓与曲轴后端凸缘连接，为保证飞轮与曲轴的正确安装位置，一般用定位销或不对称螺栓孔来保证。飞轮上一般刻有第一缸点火正时标记，以便校准点火正时。各型发动机的正时标记有不同的形式。

### 3. 飞轮的维修

飞轮在工作过程中可能会遇到多种故障，其中最为常见的是工作面磨损、齿圈磨损或断齿。装用手动变速器的汽车，飞轮与离合器接触的一面会有沟槽磨损，磨损较轻（沟槽深度小于 0.5mm）时允许继续使用，磨损严重（沟槽深度超过 0.5mm）或槽纹较多时应磨削工作面，必要时更换飞轮。注意：飞轮工作面的磨削总量不能超过 1mm，更换新的飞轮时应刻上正时标记，新飞轮与曲轴安装后应进行动平衡。

飞轮齿圈若有损坏，应及时更换齿圈或飞轮组件。更换齿圈时，可用铜冲将齿圈从飞轮上拆下；安装时，先将齿圈加热（不要超过 400℃），再用锤子将齿圈敲到飞轮上。注意：齿圈有导角的一面应朝向曲轴。

## 八、曲轴轴承的构造与维修

### （一）轴承的构造

曲轴轴承包括连杆轴承（俗称小瓦）和曲轴主轴承（俗称大瓦），其结构基本相同。曲轴轴承的功用主要是减小摩擦和减轻曲轴等零件的磨损。

现代发动机装用的连杆轴承和曲轴主轴承一般都是分开式滑动轴承，主要由钢背和减磨层组成。钢背是轴承的基体，在钢背的内圆表面制有耐磨的减磨层。为对轴承进行可靠润滑，在轴承内表面制有油槽贮油，在主轴承上还制有通油孔，以便润滑油进入曲轴内的油道。

为防止发动机工作时轴承发生轴向窜动，在轴承的钢背上制有定位凸键或定位销孔，以便安装后定位。发动机工作中，为防止轴承在座孔内转动，轴承有自由弹势和一定的压紧量。自由弹势是指轴承在自由状态下的曲率半径比座孔大，压紧量是指轴承装入座孔后略高出座孔分界面，这样，可使轴承装配后紧压在座孔内，既能防止轴承在座孔内转动，又利于轴承散热。

曲轴轴承一般都经过选配，且发动机工作中旧的轴承也进行了自然磨合，所以在发动机维修时，应注意轴承及其轴承盖的安装位置不要装错，以确保发动机的平稳运行和延长使用寿命。

### （二）轴承间隙的检查

曲轴的轴承间隙失准，容易产生异响，甚至导致轴承和轴颈烧蚀。轴承间隙可通过测量轴颈直径和轴承孔径来检查，也可用塑料间隙规进行测量。用塑料间隙规检查轴承间隙的方法如下：

第一，将轴承和轴颈清理干净，将曲轴安放到曲轴箱内。

第二，将与轴颈等长的塑料间隙规放在轴颈上避开油孔的部位，在轴承盖内的轴承表面涂上润滑油，装上轴承盖并按规定力矩拧紧轴承盖螺栓。注意：塑料间隙规应沿曲轴轴向放置，且不能放在承受曲轴重量的位置；测量过程中，不能转动曲轴。

第三，拆下轴承盖，用被压扁的间隙规最宽部位与塑料间隙规标尺对合比较，即可确定轴承最大间隙。若间隙规被压厚度不均匀，说明轴颈有锥度。

第四，轴承间隙因车型而异。若使用过的轴承间隙过大，应更换轴承；若新轴承间隙过大或过小，一般应重新选配，间隙过小一般允许进行少量的刮削。由于用垫片调整轴承间隙会破坏轴承与轴颈及座孔的正确配合，一般不再使用。

第五，塑料间隙规可溶于润滑油，所以若粘接在轴颈或轴承上，可用润滑油进行清理。

## 九、平衡轴系统的构造与维修

### （一）平衡轴系统的构造

部分轿车发动机装有平衡轴系统，其功用与曲轴上的平衡重相似，均是用来平衡曲柄连杆机构所产生的惯性力，减轻发动机的振动。平衡轴系统按传动方式不同可分为单平衡轴和双平衡轴两种类型。

### （二）平衡轴系统的维修

安装平衡轴系统时，应注意对正平衡轴驱动装置上的正时标记，否则，平衡轴不仅起不到平衡作用，反而会加剧发动机的振动。安装时，平衡轴齿轮与凸轮轴齿轮、曲轴正时链轮与凸轮轴正时链轮上的标记均需要对正。平衡轴系统的主要故障是轴颈和轴承磨损、平衡轴变形。轴颈磨损可通过测量其直径确定，若轴颈直径超过其使用极限，应更换平衡轴。平衡轴支承轴承若有损坏或磨损严重，应更换轴承。平衡轴弯曲变形与曲轴弯曲变形的检查方法基本相同，变形量超过使用极限时，应更换平衡轴。

采用滑动轴承支撑的平衡轴，可用外径千分尺测量平衡轴支承轴颈直径，用量缸表测量轴承内径，并计算配合间隙，若配合间隙超过使用极限，应更换平衡轴或轴承，必要时两者一起更换。

# 第二节　配气机构与维修

## 一、配气机构的功用与组成

### （一）配气机构的功用

配气机构的功用是按照发动机的工作需要，定时地开启和关闭进、排气门，使新鲜混合气（汽油机）或空气（柴油机）及时进入气缸，使气缸内的废气及时排出。

### （二）配气机构的基本组成

发动机配气机构的基本组成可分为两部分：气门组和气门传动组。气门组用来封闭进、排气道。气门传动组是从正时齿轮开始至推动气门动作的所有零件，其功用是使气门定时开启和关闭，它的组成因配气机构的形式不同而异，主要零件包括正时齿轮（正时链轮和链条或正时皮带轮和皮带）、凸轮轴、挺杆、推杆、摇臂轴和摇臂等。

发动机工作时，曲轴通过正时齿轮驱动凸轮轴旋转，使凸轮轴上的凸轮凸起部分通过挺杆和推杆推动摇臂绕摇臂轴摆转，摇臂的另一端便向下推开气门，并使气门弹簧进一步压缩。当凸轮的顶点转过挺杆后，便逐渐减小了对挺杆的推力，气门在其弹簧弹力的作用下，开度逐渐减小，直至最后关闭。

为防止发动机工作中配气机构零件受热膨胀而导致气门关闭不严，摇臂与气门尾端须留有一定的间隙（气门间隙）。在装有液力挺杆的配气机构中，不须留气门间隙。由于四冲程发动机每完成一个工作循环，曲轴转两圈，而各缸只进、排气一次，也即凸轮轴只须转一圈，所以曲轴与凸轮轴的传动比为 2∶1。

### （三）典型汽车发动机配气机构

发动机配气机构形式多种多样，其主要区别是气门布置形式和数量、凸轮轴布置形式和驱动方式不同。现代汽车发动机一般都采用顶置式气门配气机构，即气门安装在燃烧室的顶部。每个气缸一般安装两个气门，一个进气门和一个排气门。为提高发动机性能，部分发动机采用了多气门结构，应用较多的是四气门，每缸两个进气门和两个排气门。多缸发动机的气门一般都沿机体纵轴线方向排成一列，有些发动机将进、排气门分别布置成两列。进、排气门的排列顺序取决于发动机进、排气道的结构形式，有的进排气门间隔排列，有的相邻气缸的同名气门相邻。凸轮轴的驱动方式有齿轮传动、链条传动和齿形皮带传动 3 种。配气机构通常按凸轮轴的安装位置分为下置凸轮轴式、侧置凸轮轴式和顶置凸轮轴式 3 种类型。

## 二、气门组零件的构造与维修

气门组零件主要包括气门、气门座、气门导管和气门弹簧等。

### （一）气门的构造与维修

#### 1. 气门的构造

气门分进气门和排气门，二者构造基本相同。气门由头部与杆部两部分组成。气门头部的作用是与气门座配合，对气缸进行密封；杆部则与气门导管配合，为气门的运动起导向作用。

气门头部形状有平顶、喇叭形顶和球面顶。平顶结构的气门具有结构简单、制造方便、受热面积小等优点，多数发动机的进、排气门均采用此结构的气门。喇叭顶气门的进气阻力小，只适合作进气门。球面顶气门的排气阻力小，只适合作排气门。气门头部与气门座接触的工作面称气门密封锥面，该密封锥面与气门顶平面的夹角称为气门锥角，气门锥角一般为 45°，有些发动机的进气门锥角为 30°。进、排气门的头部直径一般不等，进气门头部直径较大。气门杆部为圆柱形，在靠近尾部处加工有环形槽或锁销孔，以便用锁片或锁销固定弹簧座。锁片式固定方式的气门杆上有环形槽，外表为锥形、内孔有环形凸台的锁片分成两半，气门组装配到气缸盖上后，锁片内孔环形凸台卡在气门杆上的环槽内，在气门弹簧作用下，锁片外圆锥面与弹簧座锥形内孔配合，使弹簧座固定。锁销式固定方式则是将锁销插入气门杆上的孔内，由于锁销长度大于弹簧座孔径，所以可使弹簧座固定。

#### 2. 气门的拆装

拆装气门时，必须先使用专用气门拆装钳压缩气门弹簧，然后拆下或装上气门锁片或锁销，并慢慢放松气门弹簧。

拆下的气门，必须作好标记并按顺序摆放，以免破坏气门与气门座及气门导管的配合。气门锁片或锁销很小，应注意不要丢失。

### 3. 气门杆部弯曲的检查与修理

气门杆部弯曲变形可进行检查，若弯曲变形超过允许极限，应校正或更换气门。气门杆直线度误差一般应不大于 0.03mm。

气门杆弯曲校正应在压床上进行冷压校正，使弯曲拱面向上，用压床使其产生反变形，校压量一般为实际弯曲量的 10 倍，并保持 2 分钟。

### 4. 气门磨损和烧蚀的检查与修理

气门磨损情况可用千分尺和卡尺对各尺寸进行测量检查，若测得的尺寸不符合规定，应更换气门。

气门密封锥面若有轻微斑痕、沟槽或烧蚀，可在专用气门光磨机上进行光磨修理，以恢复其密封性能。光磨的气门可与气门座之间有 0.5°~1.0° 的气门密封干涉角。这样有利于气门与气门座的磨合。修理后的气门尺寸应符合规定，修理气门后还应铰修气门座，并进行气门研磨。气门密封锥面斑痕、沟槽或烧蚀严重时，应更换气门。

## （二）气门座的构造与维修

### 1. 气门座的构造

进、排气道口直接与气门密封锥面接触的部位称为气门座。其功用是与气门头部配合，对气缸进行密封。多数发动机的气门座单独制成座圈，然后压装到燃烧室内的进、排气道口处，以延长使用寿命和便于修理更换。气门座与座孔有足够的过盈配合量，以防止发动机工作时气门座脱落。

为保证气门与气门座可靠密封，气门座上加工有与气门相适应的锥角，气门座的锥角包括 3 部分。45°（或 30°）的锥面是与气门密封锥面配合的工作面，宽度为 1~3mm，15° 和 75°（各车型要求不同）锥角是用来修正工作面位置和宽度的。

### 2. 气门座的铰修

发动机工作时，气门座承受高温和气门落座时的冲击，经常出现工作锥面烧蚀、变宽或与气门接触环带断线等故障，一般可通过铰削和研磨进行修理。气门座的铰削通常用气门座铰刀进行手工加工，这一步骤的目的是恢复气门座的工作性能，确保其与气门的密封性。气门座铰刀是由多只不同直径、不同锥角的铰刀组成的，适用于粗加工和精加工的不同需求。气门座一般应先粗铰后精铰。以锥角分别为 45°、15° 和 75° 的气门座为例，铰削方法如下：

（1）修理气门座前，应检查气门导管（见后述内容），若不符合要求应先更换或修理气门导管，以保证气门座与气门导管的中心线重合。

（2）按气门头部直径和气门座各锥面角度选择一组合适的气门座铰刀。按气门导管内径选择合适的气门座铰刀杆，铰刀杆插入气门导管应转动灵活而不松旷。

（3）先用45°的粗铰刀加工气门座工作锥面，直到工作面全部露出金属光泽。

注意：铰削时，两手握住手柄垂直向下用力，并只作顺时针方向转动，不允许倒转或小范围内转动。

（4）然后用修理好的气门或新气门进行试配，根据气门密封锥面接触环带的位置和宽度进行调整铰削。接触环带偏向气门杆部，应用75°的铰刀铰削；接触环带偏向气门顶部，应用15°的铰刀修正。铰削好的气门座工作面宽度应符合规定，接触环带应处在气门密封锥面中部偏气门顶的位置。

（5）最后用45°的细铰刀精铰气门座工作锥面，并在铰刀下面垫上细砂布研磨。

### 3. 气门与气门座的研磨

气门座铰削好后，应在气门与气门座之间涂上少许研磨砂进行手工研磨，以保证气门与气门座的密封性。

气门与气门座的密封性可用划线法进行检查，即用软铅笔在气门密封锥面上每隔10mm划一条线，将气门装入气门导管，用手将气门与气门座压紧并往复转动1/4圈，然后取下气门检查，若所有划线均被切断，说明气门与气门座密封良好，否则应继续研磨。

### 4. 气门座圈的更换

如果气门座损坏、严重烧蚀、松动或下沉2mm（指测量的气门顶部下沉量）以上，应更换气门座圈。若气门座是在气缸盖上直接加工的，则必须更换气缸盖。拆卸旧座圈时，对铝合金气缸盖不可用撬动方法拆卸，用镗削加工方法将旧座圈镗削只剩一薄层，就可很容易地拆下旧座圈；也可将不合适的旧气门焊接到座圈上，然后敲击气门杆拆下旧座圈。安装新座圈前，应对座孔进行加工，使新座圈与座孔过盈配合量约为0.08~0.12mm。安装新座圈时，可将座圈放在固体二氧化碳（干冰）或液态氮中冷却，使其冷缩，然后再将气门座圈敲入座孔。

## （三）气门导管的构造与维修

### 1. 气门导管的构造

气门导管的功用是给气门的运动作导向，并将气门杆所承受的热量传给气缸盖。气门导管为一空心管状结构，压装在气缸盖上的导管孔中，其外圆柱面与导管孔的配合有一定的过盈量，以保证有效地传热和防止松脱。有些发动机为防止气门导管脱落，采用卡环对气门导管进行定位。气门导管的下端伸入气道，为减小对气流造成的阻力，故将伸入气道的部分制成锥形。气门导管内孔与气门杆之间为间隙配合，为防止润滑油从气门杆与气门导管的间隙中漏入燃烧室，须在气门导管的上端安装气门油封。

**2. 气门导管磨损的检查与修理**

气门导管磨损后会使其与气门杆的配合间隙增大，导致气门在工作时出现摆动，甚至关闭不严，影响气门的关闭性能。特别是排气门与导管配合间隙过大时，高温废气窜入气门杆与导管间隙，会破坏润滑、加速磨损，严重时会造成导管内润滑油烧结，使气门卡死。

气门导管的磨损情况可通过导管与气门杆配合间隙间接检查，配合间隙的检查方法有两种：一种是用伸缩式内径测量仪或带百分表的内径测量仪直接测量导管内径，再用千分尺测量气门杆直径，并计算其配合间隙；另一种是先把气门安装在导管内并提起使其高于气缸盖平面 10~15mm，然后将百分表测头触到气门头边缘，测量气门头的摆动量。

**3. 更换气门导管**

更换气门导管时，应先用气门导管冲子和锤子将气门导管按规定方向（一般为气缸盖上方）拆出。对于装有限位卡环的气门导管应先将其漏出承孔的部分敲断，然后再将它拆除。对于铸铁缸盖可不加热直接拆卸，而对于铝合金缸盖应加热后再拆卸气门导管，以免缸盖裂损。拆下旧气门导管后，应根据新导管外径适当铰削座孔，使其有一定的过盈量（一般为 0.015~0.065mm）。安装新气门导管前应先对缸盖进行加热，加热时可用热水（60℃~80℃）或用喷灯加热，然后用冲子和锤子将新导管敲入座孔，伸出气道的高度应符合规定。气门导管安装好后，应用长刃铰刀铰削内孔，使导管与气门杆配合间隙符合标准。

**4. 更换气门油封**

润滑油无泄漏而消耗异常时，一般都是因为活塞与气缸配合间隙过大或气门油封漏油造成的。为此，需要更换气门油封。更换时，将气门组零件从气缸盖上拆下后，应使用专用工具安装气门油封。

注意：有些发动机进、排气门油封是不同的，如广州本田进气门油封的弹簧为白色，而排气门油封的弹簧为黑色，安装时不能装错。

## 三、气门传动组零件的构造与维修

气门传动组是从正时齿轮开始至推动气门动作的所有零件，其组成因配气机构的形式不同而异，主要零件包括凸轮轴及其驱动装置、挺杆、推杆、摇臂总成等。

### （一）凸轮轴的构造与维修

#### 1. 凸轮轴的构造

凸轮轴是气门传动组的主要零件，其功用主要是利用凸轮控制各缸进、排气门的开启和关闭。此外，在有些汽油发动机上，还利用凸轮轴驱动分电器、汽油泵和机油泵。各种发动机装用的凸轮轴数量是不同的。下置或侧置凸轮轴式发动机一般只装用一根凸轮轴，单顶置凸轮轴式直列发动机也是一根凸轮轴，单顶置凸轮轴式 V 形发动机和双顶置凸轮轴式直列发动机有两根凸轮轴，双顶置凸轮轴式 V 形发动机则必须装用 4 根凸轮轴。

凸轮的轮廓形状决定着气门的最大升程、气门开启和关闭时的运动规律及持续时间。凸轮轴的轮廓形状是由制造厂根据发动机工作需要设计的。

凸轮轴的轴颈数在不同发动机上不一定相同，一般采用全支撑方式（参见曲轴支撑方式），以提高其支撑刚度。有些凸轮轴安装在气缸体或气缸盖上整体式的座孔中，座孔中一般压装有整体式凸轮轴轴承。为拆装方便，凸轮轴轴颈直径由前至后逐渐减小。有些顶置式凸轮轴用轴承盖安装在气缸盖顶部，采用此方式安装的凸轮轴各轴颈直径相等，凸轮轴轴承相应采用剖分式或轴颈直接与座孔配合（没有凸轮轴轴承）。有些凸轮轴的轴颈上加工有不同形状的油槽或油孔，油槽或油孔是为通过油道从轴颈处将润滑油送往其他部位而设计的。凸轮轴安装后，为防止其发生轴向窜动，凸轮轴都设有轴向定位装置。在凸轮轴第一道轴颈与正时齿轮之间装有隔圈，止推凸缘松套在隔圈外面并用螺栓固定在气缸体上，这样当凸轮轴发生轴向窜动时，止推凸缘顶靠住正时齿轮的轮毂或凸轮轴第一轴颈的端面，即起到了轴向定位的作用。为保证凸轮轴的正常转动，允许凸轮轴有一定的轴向窜动量，所以隔圈的厚度比止推凸缘厚度略大，两者的差值称凸轮轴的轴向间隙，此间隙一般为 0.08~0.20mm。

#### 2. 凸轮轴轴向间隙的检查与维修

检查凸轮轴的轴向间隙时，对采用定位装置的凸轮轴，可将凸轮轴总成（带正时齿轮和止推凸缘）拆下后，用塞尺直接插入止推凸缘与凸轮轴轴颈间，来测量凸轮轴的轴向间隙。用百分表能更精确地测量凸轮轴的轴向间隙。拆下气门传动组其他零件后，凸轮轴可不拆下或按规定重新装上，用百分表测头抵在凸轮轴端，前后推拉凸轮轴，百分表指针的摆动量即为凸轮轴的轴向间隙。

### 3. 凸轮轴弯曲的检查与维修

检查凸轮轴弯曲变形可用其两端轴颈外圆或两端的中心孔作基准，测量中间一道轴颈的径向圆跳动量。凸轮轴径向圆跳动量一般为 0.01～0.03mm，允许极限一般为 0.05～0.10mm。若超过极限值，须对凸轮轴进行冷压校正，必要时应进行更换。

### 4. 凸轮磨损的检查

凸轮的常见故障有表面磨损、擦伤和麻点脱落等，其中以表面磨损最为常见。凸轮的表面磨损是不均匀的，一般凸轮的顶尖附近磨损较为严重。凸轮磨损后，凸轮高度减小，会使气门的最大升程减小，影响发动机工作时的进、排气阻力。凸轮的磨损程度可通过测量凸轮的高度或凸轮升程来检查。

凸轮高度可用外径千分尺或游标卡尺测量，凸轮升程为凸轮高度与基圆直径之差。凸轮高度或升程若超过允许极限，应更换凸轮轴。

凸轮轴轴颈及轴承的磨损情况可通过测量其配合间隙来检查，凸轮轴轴颈与轴承配合间隙可参照曲轴轴承间隙测量方法进行测量。轴颈与轴承配合间隙一般为 0.02～0.10mm，允许极限一般为 0.10～0.20mm。有些发动机的凸轮轴轴颈允许修磨，当轴颈与轴承配合间隙超过允许极限时，可磨削轴颈，并选配同级修理尺寸的轴承。有不少发动机凸轮轴轴颈和轴承无修理尺寸，当轴颈与轴承的配合间隙超过其允许极限时，应更换凸轮轴或轴承，必要时两者一起更换。对无凸轮轴轴承的，若凸轮轴座孔磨损严重，只能更换气缸体或气缸盖。

## （二）正时传动装置的构造与维修

凸轮轴靠曲轴来驱动，传动方式有齿轮式、链条式和齿形带式 3 种。气门的开启和关闭时刻、凸轮轴与曲轴的传动比均靠传动装置来保证。

### 1. 齿轮传动装置

齿轮传动具有传动平稳、准确可靠、不须调整等优点，下置凸轮轴式发动机一般都采用此种传动装置。正时齿轮分别安装在曲轴和凸轮轴的前端，用螺栓或螺母固定，齿轮与轴靠键传动。为减小传动噪声，正时齿轮一般采用斜齿轮且用不同的材料制成，通常曲轴上的小齿轮用金属材料制造，而凸轮轴上的大齿轮用非金属材料制造。凸轮轴正时齿轮的齿数为曲轴正时齿轮的两倍，从而使实现传动比达到 2：1。

有些侧置凸轮轴式发动机也采用正时齿轮传动装置，但由于凸轮轴离曲轴较远，中间通常加入惰轮传动。装配时，两个正时齿轮与中间惰轮之间的两个正时标记必须对正。

齿轮传动尽管有很多优点，但传动噪声较大，这也限制了它的应用前景。目前，在轿车发动机上几乎都不采用齿轮传动。正时齿轮传动常见故障是磨损或裂损。在维修时，应检查齿轮有无裂损，磨损情况可用塞尺或百分表测量其齿隙。正时齿轮若有裂损或齿隙超过 0.30~0.35mm，应成对更换正时齿轮。通常情况下，正时齿轮不会发生严重磨损，也不易损坏。

### 2. 链条传动装置

正时链条传动装置应用在部分侧置凸轮轴式或顶置凸轮轴式发动机上。丰田 M 系列发动机（凸轮轴顶置）正时链条传动装置，主要由正时链条、正时链轮、链条张紧装置等组成。凸轮轴正时链轮的齿数为曲轴正时链轮的两倍，以实现传动比为 2∶1。为防止链条抖动，链条传动装置设有导链板和张紧装置。导链板采用橡胶导向面为链条导向，一般应与链条一起更换。张紧装置使链条保持一定的紧度，可分为机械式和液压式两种，日常应用较多的是液压式链条张紧装置，当发动机工作时，利用润滑油压力推动液压缸活塞，使张紧链轮压紧链条。

采用链条传动的发动机，正时标记多种多样，装配时应特别注意。常用的正时方法有：对正两链轮上的标记，在两链轮标记之间保持一定的链节数，对正链条与链轮上的标记，一缸活塞处于压缩上止点时对正凸轮轴链轮与缸盖或缸体上的标记等 4 种。如丰田 M 系列发动机正时链条传动装置，装配时应对正下列标记：曲轴链轮与机油泵链轮标记、正时链条与 3 个链轮标记、凸轮轴定位销与摇臂轴支架标记（偏 3°）。链条上的标记为浅色链节。

正时链条传动装置常见故障是链轮磨损或链条由于长期拉伸而变长，严重时会引起噪声和改变气门开启和关闭时刻，因此，在维修发动机时，应检查链轮的磨损和链条伸长情况。

为便于检查链轮磨损情况，可将新正时链条扣于链轮上，并环绕其一周拉紧，用游标卡尺测量直径，若小于极限直径，应更换新件。正时传动链条伸长情况的检查，可测量链条的全长或规定链节数的长度。测量链条长度时，为使测量数据更加准确，应施加 50N 的拉力，将链条拉直后再用游标卡尺测量，否则应更换链条。

### 3. 齿形带传动装置

齿形带传动具有工作可靠、噪声小、质量轻、无须润滑等优点，尤其在顶置凸轮轴式发动机上应用广泛。正时齿形带传动与链条传动一样，正时标记有多种形式，装配时必须按维修手册中的规定对正正时标记。装配时，应对正下列标记：凸轮轴齿形带轮与气缸盖和齿形带标记，曲轴齿形带轮与平衡轴齿轮罩和齿形带标记。正时齿形带安装、调整或维护不当时，会造成齿形带磨损和损伤。安装时，正时齿形带牙齿必须与带轮相吻合。更换新的正时齿形带时，必须与旧带进行比较，以确保二者的宽度、齿形和牙齿间隔完全相同。正时齿形带不能过度弯曲，如扭转 90°以上或盘起存放等，也不能沾水或油，否则很容易造成齿形带的损坏。多数发动机的正时齿形带安装后，利用弹簧和张紧轮将齿形带压紧，安装后完全放松张紧轮即可使齿形带张紧。有些发动机的正时齿形带是需要进行调整的，必须按原厂规定调整齿形带松紧度。

## （三）挺杆的构造与维修

挺杆可分为普通挺杆和液力挺杆两种，其功用一般都是与凸轮轴直接接触，将凸轮的推力传给推杆或气门，在有些发动机上它只是摇臂的一个支点，也有的发动机上没有设置挺杆。

### 1. 普通挺杆的构造与维修

普通挺杆一般应用在下置或中置凸轮轴式发动机配气机构中，用于传递凸轮的推力给推杆，大多数发动机上装用的普通挺杆都是筒式结构。在发动机工作时挺杆底部与凸轮接触，为使挺杆底部磨损均匀，挺杆底部的工作面需要制成球面。挺杆的下端设有油孔，以便将漏入挺杆内的润滑油排出到凸轮上进行润滑。筒式挺杆内孔的底部也制成球面，它与推杆下端的球面接触，以减轻磨损。在装用普通挺杆或无挺杆的配气机构中，为防止零件受热膨胀后导致气门关闭不严，都必须预留一定的气门间隙。

挺杆放置在导向孔内，有些发动机的挺杆导向孔直接在气缸体或气缸盖上加工，有些发动机则采用可拆式挺杆导向体。CA6102 汽油机装用的挺杆导向体分前后两个，挺杆放置在导向体上的挺杆导向孔内，导向体用螺栓安装在气缸体上，为保证导向体的安装位置，在导向体与气缸体之间设有定位套。普通挺杆的常见故障是工作面损伤或磨损。挺杆外表圆柱工作面和底部工作面有轻微的伤痕或麻点，可用油石修整，若发现挺杆有裂纹、工作面严重刮伤或偏磨，应更换新挺杆。应注意测量挺杆外径和导向孔内径，并计算其配合间隙，若超过允许极限，应更换挺杆。

### 2. 液力挺杆的构造与维修

液力挺杆能自动保持"气门间隙为零"的工作状态，可减轻配气机构的噪声和磨损，而且不需调整气门间隙，在轿车发动机上的应用非常广泛。

凸轮轴下置或侧置的发动机液力挺杆体内装有柱塞，柱塞上端压装有推杆支座，支座将柱塞内腔上端封闭；柱塞弹簧将柱塞向上顶起，通过卡环来限制柱塞最上端的位置；柱塞下端的单向阀架内装有单向阀，碟形弹簧使单向阀封闭柱塞内腔下端。

发动机工作时，润滑油经油道供给液力挺杆，通过挺杆体和柱塞侧面的油孔使挺杆柱塞内腔充满油液。液力挺杆安放在导向孔内，下端直接与凸轮接触，推杆下端支撑在挺杆上的推杆支座上。当气门处于关闭状态时，柱塞弹簧使柱塞连同推杆支座与推杆压紧，消除配气机构的间隙，但由于气门弹簧的弹力较大，所以气门不会被顶开；同时柱塞内腔的油液顶开单向阀，使柱塞下面的挺杆体内腔也充满油液。当凸轮顶起挺杆体时，气门弹簧的弹力通过推杆反作用在柱塞上，由于单向阀的作用使油液不能从挺杆体内腔流回柱塞内腔，所以挺杆体内腔油压升高，而液体的不可压缩性使挺杆将凸轮的推力传递给推杆，并通过摇臂使气门开启。在气门开启过程中，挺杆体内腔的油液会有少量从柱塞与挺杆体之间的间隙中泄漏，但不会影响配气机构的正常工作。而且在气门关闭后，挺杆体内腔油液会立即得到补充，使配气机构保持无间隙。当配气机构零件受到热膨胀时，挺杆体内腔的部分油液从间隙中挤出，挺杆体内腔容积减小，挺杆自动"缩短"。

反之，当配气机构零件冷缩时，柱塞弹簧使柱塞顶起，挺杆体内腔容积增大，气门关闭后，增加向挺杆体内腔的补油量，液力挺杆自动"伸长"。因此，液力挺杆能自动补偿配气机构零件的热胀冷缩，始终保持无间隙传动。在顶置凸轮轴式配气机构中，作为摇臂支点的液力挺杆，其组成和工作原理与上述液力挺杆基本相同，二者的主要区别是：挺杆不受凸轮直接驱动，压装在柱塞上端的支座为摇臂支座。目前，在顶置凸轮轴配气机构中，应用较多的是装在凸轮与气门杆尾端之间的液力挺杆。挺杆体为上盖与挺杆身焊接而成，柱塞与挺杆体上盖为一体；柱塞内腔通过键形槽与低压油腔连通，柱塞与油缸间隙配合并构成高压油腔，柱塞底部加工有为高压油腔补充油液的油孔，此油孔靠球阀在补偿弹簧作用下关闭；油缸外圆柱面与挺杆体内的导向孔间隙配合。

其工作原理与上述液力挺杆基本相似，发动机工作时，各油腔内充满油液，凸轮顶动挺杆时，利用高压油腔内的油液将力传给油缸，从而使气门开启；零件受热膨胀时，高压油腔内的油液被从柱塞与油缸的配合间隙中挤出，挺杆自动"缩短"；气门关闭后或零件冷缩时，利用补偿弹簧使油缸和挺杆体分别与气门和凸轮紧密接触，保持配气机构无间隙；高压油腔内油液不足时，气门关闭后低压油腔内的油液会顶开球阀，及时向高压油腔补充油液。

液力挺杆的常见故障是外表工作面磨损或损伤、挺杆内部配合表面磨损导致密封不良等。维修时，除按普通挺杆的检查项目和方法对液力挺杆体外表工作面的损伤情况、挺杆体与导向孔的配合间隙进行检查外，还须对液力挺杆进行密封性检查。液力挺杆柱塞与挺杆体（或油缸）磨损、单向阀关闭不严，均会导致挺杆内部密封不良，当凸轮顶起挺杆时，会因高压油腔内的油液泄漏而使液力挺杆"缩短"，从而使气门升程下降和挺杆产生异响。液力挺杆密封性可在一定载荷作用下，通过测量液力挺杆"缩短"一定尺寸所用时间来检验，所用时间越长，说明液力挺杆密封性越好。

## （四）推杆的构造与维修

在下置和侧置凸轮轴式配气机构中一般都设有推杆，推杆位于挺杆与摇臂之间，其功用是将挺杆的推力传给摇臂。推杆为细长的杆件，杆身有空心和实心两种，推杆两端有不同形状的端头，以便与挺杆和摇臂上的支座相适应。推杆端头均经过磨光处理，以减轻磨损。

推杆的常见故障是端头磨损或杆身弯曲。检查推杆两端头，若磨损严重或有损伤，应更换推杆。推杆可在平板上来回滚动并用塞尺测量其弯曲变形量，也可用百分表检查推杆的弯曲变形量，推杆弯曲程度超过允许极限时，应校直或更换推杆。

## （五）摇臂总成的构造与维修

### 1. 摇臂总成的构造

摇臂总成的功用是将气门传动组的推力改变方向并驱动气门开启。摇臂是一个两臂不等长的双臂杠杆，采用摇臂驱动气门开启的配气机构，虽机构比较复杂，但可通过选择摇臂两端的长度，在气门升程一定时减小凸轮升程，同时气门间隙的调整也比较方便。常见的摇臂总成，主要由摇臂轴、摇臂轴支座、摇臂及定位弹簧等组成。摇臂总成所有零件均安装在摇臂轴上，并通过摇臂轴支座用螺栓安装在气缸盖上，为防止摇臂轴在其支座孔内转动或轴向窜动，应用紧固螺钉将摇臂轴固定。摇臂通过镶在其中间轴孔内的衬套套装在摇臂轴上。为保证各摇臂的轴向位置，可使用装在摇臂侧面的定位弹簧使其定位。摇臂轴为空心结构，两端用堵塞封闭，润滑油经与气缸盖上的油道相通的中间摇臂轴支座油道进入摇臂轴内，摇臂轴和摇臂上都加工有相应的油孔，使摇臂轴与摇臂之间及摇臂两端都能得到有效的润滑。

在不同的配气机构中装用的摇臂也有不同的结构形式。在下置或侧置凸轮轴式配气机构中，常用的摇臂中间加工有摇臂轴孔，安装在摇臂轴上，长臂一端加工成与气门杆尾部接触的圆弧工作面，短臂一端则加工有螺纹孔，用以安装气门间隙调整螺钉，调整螺钉的下端加工成与推杆端头相应的球面。在一些顶置凸轮轴式配气机构中，凸轮直接驱动摇臂，摇臂与气门杆尾部接触的一端安装气门间隙调整螺钉，而与凸轮接触的一端加工成圆弧工作面。也有些发动机采用无摇臂轴的浮动式摇臂。

### 2. 摇臂轴总成的维修

拆开摇臂总成时，应注意各摇臂的序号、摇臂轴的安装方向及位置，以免安装时位置装错。对摇臂总成零件进行清洗时，应注意将摇臂轴内部清理干净，并保证各油孔通畅。

摇臂总成分解后，主要进行以下检查：

（1）检查摇臂球面接触部位的磨损情况，若有轻微的磨损沟痕，可用油石或磨光机进行修磨，磨损严重时应更换摇臂。

（2）安装有气门间隙调整螺钉的摇臂，须检查调整螺钉、锁紧螺母和摇臂上的螺孔是否完好，若有损坏应及时进行更换。

（3）对于带滚动轴承的浮动式摇臂，须检查其轴承，若磨损严重或损坏，应更换摇臂。

（4）对于安装在摇臂轴上的摇臂，须测量摇臂衬套孔径和摇臂轴外径，并检查其配合间隙，若间隙超过允许极限，应更换零件或总成。

（5）应注意检查摇臂轴的弯曲变形，若超过允许极限，应校正或更换摇臂轴。

## 四、可变配气相位控制机构的构造与维修

### （一）配气相位

#### 1. 进气门的配气相位

在发动机的实际工作过程中，进气门的开启和关闭时机是经过精心设计的。具体来说，进气门会在活塞运行到排气行程的上止点之前开始打开，以便在排气行程结束时迅速引导新鲜空气进入气缸。随后，进气门会在活塞运行到进气行程的下止点之后才关闭，以确保气缸内充满足够的可燃混合气。

从进气门开始开启到活塞运行至上止点这一过程中，曲轴转过的角度被称为进气门提前开启角。这个角度的设计是为了在活塞开始向下移动（即进气行程开始）之前，就提前让进气门打开，以便更有效地吸入空气。

此外，进气门还会在活塞运行到下止点之后延迟关闭，这被称为进气门迟后关闭。这样的设计有助于进一步增加气缸内的空气量，提高燃烧效率。

### 2. 排气门的配气相位

实际发动机工作过程中，排气门是在活塞运行到做功行程下止点之前开始打开的，而在活塞运行到排气行程上止点之后才关闭。从排气门开始开启到活塞运行到下止点，曲轴转过的角度称为排气门提前开启角。

## （二）可变配气相位控制机构的构造

### 1. 对配气相位的要求

配气相位对发动机性能有很大影响，即使同一台发动机，随转速的不同，对配气相位的要求也不同，转速提高时，要求气门提前开启角和迟后关闭角增大，反之则要求减小。目前，汽车发动机一般都是根据性能的要求，通过试验来确定某一常用转速下较合适的配气相位的，在装配时，对正凸轮轴驱动装置中的正时标记，即可保证已确定的配气相位，且在发动机使用中，已确定的配气相位是不能改变的。因此，发动机性能只有在某一常用转速下最好，而在其他转速下工作时，发动机的性能较差，这一范围通常被称为"最佳转速区间"。为解决上述问题，在有些汽车发动机上采用了可变配气相位控制机构。过去，在汽车发动机上曾采用过各种可变配气相位控制机构，但大都是根据发动机转速的变化，将凸轮轴转过一定的角度，使配气相位提前或推后，这种控制机构只能改变配气相位的一项内容，即：凸轮轴若沿工作方向转过一定角度使配气相位提前，则气门提前开启角增大，而迟后关闭角减小；反之，则气门提前开启角减小，迟后关闭角增大。这种可变配气相位控制机构，对提高发动机性能并不理想，所以没有得到广泛应用。

### 2. VTEC 配气机构的结构

广州本田雅阁轿车发动机配气机构的特点是：直列四缸发动机，每缸有两进两排 4 个气门，进、排气门分别排成两列，采用单顶置凸轮轴、双摇臂轴的布置形式。VTEC 配气机构与普通配气机构相比，在结构上的主要区别是：凸轮轴上的凸轮较多，且升程不等，进气摇臂总成的结构复杂。此外，在发动机工作时，排气门的工作情况与普通配气机构相同，而同一缸的两个进气门受 VTEC 机构分别控制，发动机控制电脑根据发动机转速、负荷等变化来控制 VTEC 机构工作，实现单进气门工作或双进气门工作，改变进气门的配气相位及升程。进气门的配气相位和升程是通过切换驱动凸轮来实现的。

在设计和功能上，同一缸的两个进气门有主、次之分，即主进气门和次进气门。每个进气门通过单独的摇臂驱动，驱动主进气门的摇臂称为主摇臂，驱动次进气门的摇臂称为次摇臂，在主、次摇臂之间还装有一个中间摇臂，中间摇臂不与任何气门直接接触，3 个摇臂并列在一起组成进气摇臂总成。在 3 个摇臂靠近气门的一端均设有油缸孔，油缸孔中装有靠液压控制的正时活塞、同步活塞、阻挡活塞及弹簧。凸轮轴上相应有 3 个不同升程的凸轮分别驱动主摇臂、中间摇臂和次摇臂，凸轮轴上的凸轮也相应分为主凸轮、中间凸轮和次凸轮，中间凸轮的升程最大，次凸轮的升程最小，主凸轮的形状是按发动机低速工作时单气门工作要求设计的。

## （三）可变配气相位

### 1. VTEC 控制系统故障诊断

当仪表板上的故障指示灯点亮，按规定方法读取故障码汽车发动机与维修技术时，若有故障码 21（本田车系），说明 VTEC 电磁阀或其电路有故障，可按下述步骤进行检查：

（1）清除故障码，并重新启动发动机，必要时进行路试，再次读取故障码，若不再有故障码 21，则说明 VTEC 机构存在间歇性故障，应检查 VTEC 电磁阀连接线路是否有接触不良现象。

（2）关闭点火开关，拆开 VTEC 电磁阀导线插头，测量 1 号端子与车体搭铁间电阻，标准电阻应为 14~30Ω，若不符合标准区间，应更换电磁阀。

（3）若电磁阀电阻符合标准，则应检查导线侧 VTEC 电磁阀插头 1 号端子与电脑插头 12 号端子之间的导通情况。若不导通，说明电脑与电磁阀之间连接线路存在断路情况。

### 2. 进气摇臂的检查

（1）转动曲轴使一缸处于压缩上止点，凸轮轴正时齿形带轮上的正时标记与气缸盖上平面平齐，UP 标记朝上。用手按压第一缸中间摇臂，应能与主摇臂和次摇臂分离单独运动。然后依次按点火顺序和做功间隔角对各缸进气摇臂进行检查，均应符合要求。若中间摇臂不能与其他摇臂分离，应分解检查进气摇臂总成，必要时成组更换 3 个进气摇臂。

（2）用专用堵塞堵住油道减压孔，拆下检查孔处的密封螺栓，在密封螺栓孔处连接专用进气摇臂检查接头，接头另一端连接压缩空气源。然后拧松专用接头上的阀门，通入压力为 400kpa 的压缩空气。

加上稳定的压缩空气压力后，用手推动正时片端部，使其向上移动 2~3mm。此时从 3 个摇臂的间隙中观察同步活塞的结合情况，当气缸内活塞处于压缩上止点位置，3 个摇臂并列平行时，同步活塞应将 3 个摇臂连接为一体，用手按压中间摇臂应不能单独运动。当停止施加压缩空气压力后，再推动正时片，使其向上移动，摇臂内的同步活塞应迅速回位。按上述方法和发动机的工作顺序，分别对处于压缩上止点位置的气缸进气摇臂进行检查，均应符合要求，否则应分解检查摇臂总成，必要时成组更换进气摇臂。

（3）进气摇臂总成分解后，主要检查正时活塞和同步活塞在摇臂的油缸孔内是否运动自如，若有卡滞现象，应成组更换进气摇臂总成。

## 五、气门间隙的检修

### （一）气门间隙的功用

气门间隙的设置是为了确保发动机在高温工作下能够正常运行。其功用是补偿气门受热后的膨胀量。发动机冷态装配时，在不装用液力挺杆的配气机构中，气门组与气门传动组之间必须留有一定的间隙，这一间隙就称为气门间隙。在凸轮轴通过摇臂间接驱动气门开启的配气机构中，气门间隙是指摇臂与气门杆尾部之间的间隙。在凸轮轴直接驱动气门开启的配气机构中，气门间隙是指凸轮与挺杆之间的间隙。在装有液力挺杆的配气机构中，由于液力挺杆能自动"伸长"或"缩短"，以补偿气门的热胀冷缩，所以不需要留有气门间隙。在发动机的使用过程中，气门间隙的大小会随发动机的工作温度和零部件的磨损情况而发生变化。如果气门间隙过小或没有气门间隙，就会导致发动机工作时气门关闭不严而漏气；若气门间隙过大，不仅会造成配气机构产生异响，而且气门开启升程和开启持续角度也会减小，影响发动机的进、排气过程。因此，在发动机维修中，经常需要检查和调整气门间隙。

### （二）气门间隙的检查与调整

#### 1. 基本原则

气门间隙的检查与调整必须在气门完全关闭的状态下进行，主要原因是避免因温度升高导致的膨胀而影响气门的密封性能。在检查调整气门间隙之前，必须分析判断各气缸所处的工作行程，以确定可调气门，如：处于压缩上止点的气缸，进、排气门均可调；处于排气行程上止点的气缸，进、排气门均不可调；处于进气和压缩行程的气缸，排气门可调；处于做功和排气行程的气缸，进气门可调。气门间隙必须在规定的冷机或热机状态下调整到标准值。各车型气门间隙有不同的标准。

#### 2. 确定可调气门的方法

（1）确定一缸压缩上止点位置

多数发动机都有点火正时标记，只要转动曲轴对正标记，即说明一缸处于上止点位置；是否是压缩上止点，还需要用辅助方法判断，如：观察分电器分火头位置、一缸（或其他缸）的进（排）气门状态、顶置凸轮轴发动机一缸进（排）气凸轮位置等。

（2）逐缸确定可调气门

利用逐缸法检查调整气门间隙时，可先转动曲轴，找到一缸压缩上止点位置，则可检查调整一缸进、排气门的间隙，然后使曲轴转过角度为做功间隔角的角度，按点火顺序下一缸的进、排气门可调，依次类推，逐缸进行。

（3）"双排不进"快速确定可调气门

根据发动机的工作循环、点火顺序和配气相位，在一缸处于压缩上止点时，除一缸的进、排气门可调外，其他缸的部分气门也可调，利用此方法中间只需转动一次曲轴，即可分两次对全部气门进行检查调整。

### 3. 气门间隙的检查

检查气门间隙时，可选用与规定气门间隙相等的塞尺，插入可调气门的气门间隙中。用手轻拉塞尺，应能感到有适当的阻力为宜。若无阻力或阻力太大，应进行调整。

多数发动机的气门间隙都是用装在摇臂上的调整螺钉来调整的，调整时松开锁紧螺母，转动调节螺钉，直到间隙符合规定后再将锁紧螺母拧紧即可。有些无摇臂总成的发动机，可通过改变挺杆内的垫片厚度来调整气门间隙。气门间隙调整后应进行验证性检查，以保证调整无误。

# 第六章 汽车冷却系、润滑系、柴油机燃料供给系故障与维修

## 第一节 冷却系故障诊断与维修

### 一、冷却系的功用与组成

#### （一）冷却系的功用

发动机工作时，气缸内的气体温度可高达 $2200 \sim 2800K$，若不及时冷却，会使发动机零部件温度急速升高，尤其是直接与高温气体接触的零件，会因受热膨胀影响正常的配合间隙，导致运动件运动受阻甚至卡死。此外，高温还会导致发动机零部件的机械强度下降、润滑油失去作用等。为了应对这种高温，发动机设计了一系列冷却和散热机制。发动机冷却系的功用就是对在高温条件下工作的发动机零件进行冷却，以确保发动机各部件能够在安全温度范围内运行，同时保持发动机的性能和寿命。发动机冷却系的冷却强度必须适宜，冷却不足会使发动机过热，冷却过度则会使发动机温度过低，发动机过热或温度过低均会影响其正常工作。目前，汽车上广泛应用的水冷式发动机正常工作温度（冷却水温度）一般为 $353 \sim 363K$（$80 \sim 90\text{℃}$）。

#### （二）冷却系的类型与组成

根据所用冷却介质不同，发动机冷却系可分为水冷式和风冷式两种类型。

1. 水冷却系

水冷却系是以水为冷却介质，靠冷却水的循环流动将高温机件的热量带走，而后再将热量散发到大气中，从而保持发动机的正常运行。水套是直接铸造在气缸体和气缸盖内相

互连通的空腔，水套通过橡胶软管与固定在发动机前端的散热器相连，形成封闭的冷却水循环空间，水泵安装在水套与散热器之间。发动机工作时，水套和散热器内充满冷却水，曲轴通过 V 形皮带驱动水泵工作，使冷却水在水套与散热器之间循环流动，冷却水流经气缸体和气缸盖内水套时带走发动机热量使发动机冷却，而流经散热器时将热量散发给大气。

当发动机在车架上纵向布置时，风扇安装在水泵轴上，水泵工作时风扇转动产生强大的吸力，以增大流经散热器的空气流量和速度，加强散热器的散热效果。在一些发动机上，常采用风扇离合器或电动风扇来控制风扇的工作状态，以根据发动机的工作情况调节冷却强度。百叶窗安装在散热器前面，由驾驶员通过手柄来控制其开闭，以控制流经散热器的空气量，调节冷却强度。

节温器安装在水套出水口处，根据发动机工作温度，它可自动控制通向散热器和水泵的两个冷却水通路，以调节冷却强度。发动机工作温度低（70℃以下）时，节温器自动关闭通向散热器的通路，而开启通向水泵的通路，从水套流出的冷却水直接通过软管进入水泵，并经水泵送入水套再进行循环，由于冷却水不经散热器散热，可使发动机工作温度迅速升高，此循环路线称小循环。发动机工作温度高（80℃以上）时，节温器自动关闭通向水泵的通路，而开启通向散热器的通路，从水套流出的冷却水经散热器散热后再由水泵送入水套，提高冷却强度，以防止发动机过热，此循环路线称大循环。发动机工作温度在70~80℃之间时，大、小循环同时存在，即部分冷却水进行大循环，而另一部分进行小循环。分水管为一扁平的长管，上面加工有若干出水口，离水泵越远出水口的尺寸越大，这样可保证发动机各缸冷却均匀。水温表设在仪表盘上，通过水温传感器检测并由水温表显示冷却水温度。

在不同发动机上，水冷却系的布置形式不完全相同。如：在一些轿车发动机上，利用冷却水控制怠速空气阀、EGR 阀；在发动机横置的汽车上，散热器安装在发动机一侧，风扇不与水泵同轴，而采用电动风扇；在一些载货汽车上，驾驶室内利用冷却水冬季取暖等。这些发动机只是水冷却系的管路较为复杂，其基本组成与原理大致相同。

### 2. 风冷却系

风冷却系的工作原理是利用高速流动的空气直接吹过气缸体和气缸盖外表面，把气缸内部传出的热量散发到大气中去，最终使发动机冷却，以保证适宜的工作温度。

## 二、冷却系主要零部件的构造与维修

### （一）散热器的构造与维修

#### 1. 散热器的构造

散热器的功用是将水套中流出的热水分成多股小水流，以便将热量散发到大气中。冷却水在散热器中的流动方向有些是自上而下竖向流动，有些是自左而右横向流动，其结构和原理相同。横流式散热器，主要由左（上）贮水室、进水管、散热器芯、散热器盖、右（下）贮水室和出水管组成。左贮水室通过橡胶软管与气缸盖上的水套出水管连接，右贮水室则通过橡胶软管与水泵进水口连接，两水室之间焊有散热器芯。在散热器的顶部设有加水口，以便加注冷却水（液），在通常情况下用散热器盖封闭加水口。右贮水室的底部一般设有放水阀，必要时可以放出散热器内的冷却水（液）。放水阀的设计允许用户在必要时快速放出散热器内的冷却水或冷却液，例如进行冷却液更换或散热器维修时。

常用的散热器芯（芯片式）结构，由许多芯管和散热片组成。芯管为扁圆形直管，芯管两端分别与上、下贮水室焊接在一起，连通上、下贮水室之间的水路，冷却水流经散热器时被芯管分成许多小股水流。芯管周围的散热片不仅可以增加散热面积，而且可以提高散热器芯的刚度和强度。散热器盖上设有蒸汽阀和空气阀，以便保持冷却系内部的适当压力。当散热器内压力升高到一定值（一般为126~127KPa）时，蒸汽阀打开，使部分蒸汽排入大气，以免胀坏散热器。

当散热器内压力低到一定值（一般为87~99KPa）时，空气阀打开，使空气进入散热器，防止大气压力将散热器压坏。

#### 2. 散热器密封性检查

（1）就车检查

拆下出水管，并用膨胀式橡胶塞堵住管口，向散热器内加水至加水口下方10~20mm处，用专用手动打压器从加水口向散热器内部施加0.8KPa压力，在5分钟内打压器压力表上的指示压力应不下降，否则说明散热器存在泄漏现象。

（2）水槽检查

拆下散热器后，用膨胀式橡胶塞堵住进、出水管，从加水口向散热器内充入30~80KPa的压缩空气，将散热器浸入水槽，若有气泡冒出，说明散热器有泄漏。

#### 3. 散热器芯管堵塞的检查

从加水口向散热器内加入热水，用手触试散热器芯管各处温度，若某一部分温度不升高，说明散热器芯管该部位堵塞。散热器芯管是否堵塞，也可拆下上贮水室，使用根据芯管尺寸和断面形状制造的专用通条来检查。所有芯管都不允许有堵塞现象，个别因中部堵塞而确实无法疏通者，允许不超过两根。散热器芯管若有压扁或通条不能通过时，应更换芯管。

### 4. 散热器盖的检查

使用专用手动打压器给散热器盖加压，当打压器上的压力表读数突然下降时，说明蒸汽阀打开。蒸汽阀的开启压力应符合规定，以确保系统的安全运行。

### 5. 散热器的修理

散热器常见故障是因机械损伤、化学腐蚀、芯管堵塞等原因，导致的泄漏、外观变形和散热性能下降。散热器芯管有堵塞时，应使用专用通条进行疏通。散热片有变形或倒伏时，应及时进行整形、扶正。散热器上、下贮水室若有凹陷变形时，可在凹陷处焊一钩环，拉平后再解焊。散热器泄漏一般发生在芯管与上、下贮水室的接合部，如果泄漏不十分严重，可用锡焊或粘接方法修复。在使用中，散热器最常见的故障是芯管损伤。芯管的修理方法主要有两种：

（1）接管法

用尖嘴钳拆去损坏的芯管上的散热片，剪下已损坏的一段芯管，从芯管的一端插入通条并使通条穿过剪去部分的上、下剪口，用尖嘴钳将上、下剪口整理平直；从废旧散热器上选取一根能使用的芯管拆下，剪取一段比剪除的损坏部分长约 10mm 的芯管作为接管，将接管两端稍微扩口并套接到需修理的芯管上，再插入通条将接口处整理平直；在接口处涂一层氧化锌铵溶液，用气焊加热，并用锡焊焊合接口；焊接修理后，应尽可能将散热片予以恢复和整理平直。

（2）换管法

将散热器夹装在专用修理架上，用通条插入需更换的芯管中并来回拉动，以清除芯管内的水垢；将电阻加热器插入需更换的芯管，给电阻加热器通直流电（24V）加热，通电约1分钟；加热器烧红后，芯管上的焊锡开始熔化，这时再用气焊将芯管上下地板连接处的焊锡加热使之熔化，当芯管分离松动后迅速切断电阻加热器电源，并趁热用手钳将芯管和电阻加热器一起抽出；清理各连接部位的污垢，将表面挂有焊锡的新散热器芯管（或从废旧散热器上拆下的、可以使用的芯管）插入芯管孔内，用焊锡将芯管焊牢，最后修整损坏的散热片。

### （二）水泵的构造与维修

#### 1. 水泵的功用与基本原理

水泵的功用是对冷却水加压，使冷却水在冷却系内循环流动。汽车发动机上装用的都是离心式水泵，它具有体积小、出水量大、工作可靠等优点。叶轮固定在水泵轴上，水泵壳体安装在发动机缸体上。发动机工作时，冷却系内充满冷却水，曲轴通过皮带驱动水泵轴并带动叶轮转动，从而使水泵腔内的冷却水也一起转动。在离心力作用下，冷却水被甩向叶轮边缘，并经与叶轮成切线方向的出水口泵出。同时，叶轮中心部位形成一定的真空，将散热器内的冷却水经进水口吸入泵腔，使整个冷却系内的冷却水循环流动。

#### 2. 离心式水泵的构造

常见发动机装用的离心式水泵，主要由泵壳、泵盖、叶轮、水泵轴、轴承和水封等部件组成。泵壳的前半部分为水泵轴的轴承座孔，后半部分为叶轮工作室，泵壳上设有大循环进水口和小循环水管接头。泵盖和衬垫用螺钉安装在泵壳后面，用来封闭叶轮工作室。在泵盖上设有出水孔，水泵安装后出水孔与位于气缸体水套内的分水管相通。水泵轴通过轴承支撑在泵壳内。进口汽车装用的水泵，轴与轴承多数为不可分解的整体结构。国产汽车装用的水泵，水泵轴一般采用两个球轴承支撑，两轴承间用隔套进行定位。

## 三、冷却系的维护与常见故障诊断

### （一）冷却系的维护

发动机冷却系工作好坏对其动力性、经济性和使用寿命均有一定的影响，冷却系的结构和原理比较简单，但冷却系的维护和修理不能忽视。冷却系的维护重点是风扇皮带松紧度的检查与调整、节温器的检查和水垢的清除等。

#### 1. 冷却液的使用

发动机使用中，冷却系使用的冷却液为冷却水或防冻液。冷却系最好使用经过软化处理过的冷却水，这样可以减少水垢的产生。使用防冻液不仅可防止冬季冷却系结冰，而且还具有防腐和不易产生水垢的优点。有些特效防冻液还具有冷却系堵漏的功能，其中含有微细塑胶颗粒或无机纤维，在随冷却水循环过程中，可以自动堵住散热器等零件上的细小渗漏部位。在使用散热器堵漏剂修补散热器渗漏故障时，应按使用说明书规定的要求添加。完成堵漏修复后，应在规定时间内放掉掺有堵漏剂的冷却液，并用清洁的水冲洗冷却系，再按要求加注冷却水或防冻液。由于堵漏剂对冷却系零件可能会产生一定腐蚀作用，一般不允许在冷却系中长期使用。

### 2. 加注或更换冷却液

为保证汽车安全行驶，出车前应在发动机冷态下检查冷却系的冷却液是否充足。带膨胀水箱的发动机冷却系，正确的液面位置应在上限标记与下限标记之间，若液面低于下限，应打开散热器盖，添加冷却液。使用防冻液时，添加的防冻液应与现用的防冻液相同。由于发动机一般都采用封闭、加压的冷却系，在冷却液温度很高时，不要打开散热器盖，以免冷却液喷出造成严重的烫伤或其他伤害。

防冻液可以长期使用，但时间过长添加剂会因受热而变质。因此，汽车每行驶4万公里（或两年）或防冻液中出现锈红色，就应考虑更换防冻液。更换冷却液时，注意放净散热器、膨胀水箱及气缸体水套中的冷却液。放水阀一般设在散热器底部，有些发动机气缸体上也设有放水阀。将冷却系的冷却液放净后，拧紧放水阀，从散热器加水口向冷却系中加注合乎要求的冷却液，直到液面达到规定位置为止。加满新的冷却液后，应使发动机怠速运转几分钟，并检查发动机有无渗漏之处，停机后还应检查冷却液液面有无变化。

### 3. 清除冷却系水垢

冷却系中的水垢是由于水中混有可溶性矿物盐和泥砂等杂质，受热析出或变硬并积附在冷却系表面而形成的。冷却系积垢严重，会使热量传递困难，影响发动机正常工作。因此，定期清除冷却系水垢是必不可少的维护作业项目。冷却系积垢较轻时，可拆下节温器，让水沿与正常循环相反的方向从出水口压入水套和散热器，直到流出的水清洁为止。

如果冷却系积垢严重，应用化学方法清除。使用市场上可购到的冷却系除垢剂时，应按规定的比例稀释后加入冷却系，经过一定时间的运转后，改用清水运转，即可清除冷却系水垢。使用化学方法除垢时，注意必须按使用说明中的要求进行操作，以防止对设备和人体造成损害。

## （二）冷却系常见故障诊断

在汽车使用中，冷却系常见故障有：冷却液消耗异常（渗漏）、发动机过热（冷却不足）、发动机水温过低（冷却过度）等。

### 1. 冷却液消耗异常

冷却系是密封的，在正常情况下，不需要频繁添加冷却液，否则为冷却液消耗异常。冷却液消耗异常的主要原因是冷却系密封不良导致泄漏。

### 2. 发动机过热

发动机在运行中，若水温表指针长时间指向高温（90℃以上）范围，并出现冷却液沸腾（俗称"开锅"），即为发动机过热。发动机过热可分为运行中突然过热和经常过热。

### 3. 发动机水温过低

在汽车行驶中，若水温表长时间指示在发动机正常工作温度范围以下，即表明水温过低。发动机水温过低的原因主要是由节温器故障、风扇离合器故障、水温表或传感器故障导致。

# 第二节　润滑系故障诊断与维修

## 一、润滑系的功用与组成

### （一）润滑系的功用

润滑系的功用是将润滑油不断地供给发动机各零件的摩擦表面，以实现润滑作用，减少零件的摩擦与磨损，并带走摩擦表面上的磨屑等杂质，冷却摩擦表面，提高气缸的密封性。此外，润滑油黏附在零件表面上，避免了零件与空气、水、燃气等的直接接触，起到了防止或减少零件锈蚀和化学腐蚀的作用。

### （二）发动机的润滑方式

发动机工作时，由于各运动零件的位置、相对运动速度、承受的机械负荷和热负荷等不同，对润滑强度的要求也不同。为保证各运动零件润滑可靠，并尽可能简化润滑系的结构，在发动机润滑系中，根据各部位的工作特点采取不同的润滑方式。

### 1. 压力润滑

利用机油泵将具有一定压力的润滑油输送到摩擦表面进行润滑，这种润滑方式称为压力润滑。发动机上一些机械负荷大、相对运动速度高的零件，一般都采用此种润滑方式，如：主轴颈与主轴承、连杆轴颈与连杆轴承、凸轮轴轴颈与凸轮轴轴承等。虽然说压力润滑是一种比较可靠的润滑方式，但也必须设专门的油道来确保润滑油的正常供应和分配，以达到最佳的润滑效果。

### 2. 飞溅润滑

依靠运动零件飞溅起来的或从专门的油孔中喷出的润滑油滴或油雾对摩擦表面进行润滑，这种方式称为飞溅润滑。发动机上的一些外露部位、机械负荷较小零件或相对运动速度较低的零件，一般都采用飞溅润滑的方式，如：活塞与气缸壁、凸轮与挺杆、活塞销与衬套等。采用飞溅润滑可靠性较差，但结构比较简单，在活塞与气缸壁间采用飞溅润滑，还可以防止由于润滑油压力高而进入燃烧室参加燃烧，导致润滑油消耗异常、燃烧室积炭加剧、发动机工作恶化等。

### 3. 定期润滑

采用定期加注润滑脂的方法对摩擦表面进行润滑，这种方式称定期润滑。发动机上的一些不太重要、比较分散的部位一般采用此种润滑方式，如：水泵轴承、发电机轴承等。定期润滑不属于润滑系的工作范畴。

## （三）润滑系的基本组成

发动机润滑系的组成基本相同，主要由以下基本装置组成：

### 1. 油底壳

其主要功用是储存润滑油。

### 2. 机油泵

其主要功用是建立压力润滑和润滑油循环所必须的油压。

### 3. 油道

其主要功用是将机油泵输出的压力润滑油输送到各摩擦表面。油道在气缸体与气缸盖上直接铸出或加工在一些零件内部，可分为主油道和分油道，主油道一般是指铸造在气缸体侧壁内、沿发动机纵向布置的油道，其他油道均为分油道。

### 4. 滤清器

其主要功用是滤除润滑油中的杂质，根据能够滤除的杂质直径不同可分为集滤器、粗滤器和细滤器。

### 5. 限压阀

主要功用是控制机油压力。

### 6. 机油压力传感器和油压表

主要功用是检测并通过仪表显示机油压力。

## 二、润滑系主要零部件的构造与维修

### （一）机油泵的构造与维修

机油泵一般安装在曲轴箱内，由曲轴、凸轮轴或中间轴驱动。汽车发动机装用的机油泵主要有两种：齿轮式和转子式。

#### 1. 齿轮式机油泵的构造

如 CA6102 发动机装用的齿轮式机油泵，泵壳用螺栓安装在曲轴箱内第一道主轴承座两侧，泵壳内装有主动轴和从动轴，主动齿轮和从动齿轮分别安装在主、从轴上。泵盖用螺栓安装在泵壳上，机油泵的进、出油口均设在泵盖上，带有固定式集滤器的吸油管用螺栓固定在进油口处，出油管用螺栓固定在机油泵出油口与发动机机体上的相应油道之间。主动轴的前端伸出泵壳，并用半圆键、锁片、螺母将传动齿轮固定安装在主动轴上，发动机工作时，通过传动齿轮与曲轴正时齿轮啮合驱动机油泵工作。限压阀安装在机油泵出油口处，限压阀主要由阀体、球阀、弹簧和弹簧座组成，开口销用来固定弹簧座的位置。

#### 2. 转子式机油泵的构造

发动机油泵主要由泵壳、泵盖、外转子、内转子、转子轴、机油泵链轮、限压阀等部件组成。内、外转子安装在机油泵壳内，转子轴伸出泵壳，在转子轴外端安装有机油泵链轮。机油泵用螺栓安装在曲轴箱内，由中间轴通过链条驱动。在维修时，衬垫形密封圈、开口销不允许重复使用。

#### 3. 齿轮式机油泵的维修

齿轮式机油泵在使用中，主动齿轮与从动齿轮、轴与轴孔、齿轮顶与泵壳、齿轮端面与泵盖均会产生磨损，造成机油泵供油量减少和供油压力降低。

#### 4. 转子式机油泵的维修

（1）检查转子轴与轴孔配合间隙

用千分尺和内径百分表分别测量机油泵转子轴直径和泵壳上的轴孔内径，并计算其配合间隙。若配合间隙超过允许极限，应更换磨损严重的零件或机油泵总成。如天津夏利轿车发动机转子式机油泵的转子轴与轴孔配合间隙：正常值应为 0.045～0.085mm，允许极限为 0.10mm。

（2）检查外转子与泵壳配合间隙

拆下泵盖，用塞尺测量外转子与泵壳之间的间隙，若超过允许极限，应更换磨损严重的零件或机油泵总成。

（3）检查内、外转子啮合间隙

拆下泵盖，用塞尺测量内、外转子啮合间隙，若超过允许极限，应更换磨损严重的零件或机油泵总成。如天津夏利轿车发动机转子式机油泵的内、外转子啮合间隙：正常值应小于 0.15mm，允许极限为 0.25mm。

（4）检查转子端面与泵盖轴向间隙

拆下泵盖，用塞尺和直尺测量转子端面与泵盖轴向间隙，若超过允许极限，应更换转子组件或机油泵总成。如天津夏利轿车发动机转子式机油泵的转子端面与泵盖轴向间隙正常值应为 0.03~0.09mm，允许极限为 0.20mm。

## （二）机油滤清器的构造与维修

汽车发动机上装用的机油滤清器按过滤能力可分为集滤器、粗滤器等。

### 1. 集滤器

集滤器一般为滤网式，安装在机油泵的吸油口端，其用途是防止较大的杂质被吸入机油泵。集滤器可分为浮动式和固定式两种。

（1）浮动式集滤器

浮动式集滤器主要由浮子、滤网、罩、管和固定管等部件组成。浮子是中空的，可以浮在油面上。固定管与机油泵进油口连接，管与固定管活动连接，使浮子能自由随油面高低而升降。浮子下面装有金属丝滤网，滤网具有弹性，中间开有环口，并压在罩上。罩与浮子压合后，边缘有缝隙，以便进油。

（2）固定式集滤器

固定式集滤器的吸油管上端用螺栓与机油泵连接，下端与滤网支座连成一体。罩利用翻边安装在滤网支座外缘凸台上，滤网夹装在支座与罩之间。罩的边缘有 4 个缺口，形成进油通道。当机油泵工作时，润滑油从罩的缺口处经过滤网滤除较大的杂质后，通过吸油管进入机油泵。固定式机油滤清器在使用中，主要应检查吸油管与机油泵连接处的衬垫，若有损伤必须及时进行更换，否则会因漏气而导致机油压力下降。此外，如果发现滤网堵塞应及时清洁滤网。

### 2. 塑料锯末滤芯可拆式机油粗滤器

如 CA6102 发动机装用的塑料锯末滤芯可拆式机油粗滤器，主要由外壳、滤芯、端盖等组成。滤芯采用酚醛树脂材料为粘结剂的锯末滤芯，滤芯的内筒采用薄铁皮制成，上面加工有许多小孔，滤芯安装在外壳内的滤芯底座与端盖下端面之间，并用弹簧压紧。密封圈可防止外壳内的润滑油不经滤清直接进入滤芯内筒。端盖与外壳之间用密封圈密封，并用卡箍固定。端盖用螺栓安装在气缸体上，端盖上的油孔与气缸体上的相应油道连通。

## 三、润滑系的维护与常见故障诊断

### （一）润滑系的维护

#### 1. 检查润滑油油面位置

每次出车前应抽出机油尺检查润滑油的油面位置。机油尺上有上刻度线和下刻度线，适宜的油面位置应在这两条刻度线之间。检查时汽车要停放在平地上，发动机熄火 3 分钟，待润滑油流回油底壳后，抽出机油尺并将其擦净，再插回到底，重新抽出机油尺，在机油尺上就可以观察到润滑油油面位置。若油面处于机油尺下刻度线的下方，应从加机油口处加注润滑油，直到油面位置符合要求为止。若油面位置超过上刻度线，应放出多余的润滑油至上刻度线为止。添加润滑油时，一定要添加相同牌号的润滑油，以免引起润滑油变质以及发动机异常磨损。若无同一牌号的油，则应全部更换。

#### 2. 更换润滑油

汽车在完成走合里程后以及汽车每行驶 1 万公里或每半年，应更换一次润滑油。更换时，在发动机熄火后的热机状态下，拧下油底壳底部的放油螺塞，放尽发动机内的旧润滑油，再装回放油螺塞，从加机油口加注新的润滑油，直到油面位置符合要求为止。

#### 3. 检查机油压力

对于在驾驶室仪表盘上有机油压力表的汽车，可由机油压力表上直接读取主油道润滑油压力。对于驾驶室仪表盘上装有机油压力报警灯的汽车，汽车在正常行驶中报警灯亮即表示机油压力过低。如果进一步检测主油道的润滑油压力，则需要拧下安装在主油道上的机油压力传感器，利用其连接螺口，安装机油压力表，由此表读取发动机工作时主油道内的润滑油压力。

#### 4. 疏通油道

油道脏污甚至堵塞，会影响润滑油在油道中的正常流动，若发现油道堵塞或发动机大修装复前，应彻底清洗疏通油道。对曲轴内的油道，可用铁丝缠上干净的布条沾汽油或煤油清洗，清洗后用压缩空气吹净，不得使纤维物和污物留在油道内。拆下主油道的螺塞，并用小圆毛刷或铁丝缠上干净的布条沾汽油或煤油插入主油道来回拉动清洗，以保证主油道清洁畅通。

## （二）润滑系常见故障诊断

润滑系常见故障有：机油压力过低、机油压力过高、机油消耗异常和机油变质等。

### 1. 机油压力过低

在使用中，机油压力表指示压力长时间低于正常值即为机油压力过低。在汽车运行中，若发现机油压力过低，可直接拆下主油道上的螺塞或空气压缩机（采用气压制动的汽车）上的进油管，检查出油情况。若出油有力，允许短距离行驶就近检修；若出油无力，应就地查明故障原因，予以排除，以免造成严重机械事故。

### 2. 机油压力过高

在使用中，若机油压力表指示长时间高于正常值即为机油压力过高。对于新装配的发动机，若出现机油压力过高的现象，应重点检查曲轴主轴承、连杆轴承、凸轮轴轴承的配合间隙诊断具体原因，并采取相应的解决措施。

### 3. 机油消耗异常

每次检查时，都发现机油减少，平均消耗量超过 $0.1 \sim 0.5 ml/100km$，即为机油消耗异常。

### 4. 机油变质

由于高温和氧化作用，即使正常情况下，机油也会变质，这种现象称为"老化"。老化的机油中含有酸性化合物，不但会使机油变黑、黏度降低，而且腐蚀机件。在使用中，若还未到达换油周期，机油就出现老化，应查明原因予以排除。

# 第三节　柴油机燃料供给系故障诊断与维修

## 一、柴油机燃料供给系的特点、功用与组成

## （一）柴油机的特点

柴油机不仅在重型汽车上得到广泛应用，而且在中、轻型汽车上的应用也日益增多。由于柴油机与汽油机使用的燃料不同，其结构、工作原理、性能等方面与汽油机也存在很

大的差异。

### 1. 柴油机的工作特点

柴油机与汽油机最大的区别是：混合气形成方式和点火方式不同。

（1）内部形成混合气

柴油机使用的燃料是柴油，柴油的黏度大、蒸发性差，所以柴油机采用高压的方法，在接近压缩上止点时将柴油直接喷入燃烧室中，以帮助混合气形成，即混合气形成是在气缸内部完成的。

（2）压缩自燃

由于柴油自燃温度低（柴油为 $473 \sim 573K$，汽油为 $653K$），而点燃温度高（柴油为 $313 \sim 359K$，汽油为 $263K$），所以柴油机采用压缩自燃的着火方式。

### 2. 柴油机的性能特点

与汽油机相比，柴油机在性能方面主要具有以下特点：

（1）热效率高

增大压缩比是提高发动机热效率的重要途径，汽油机压缩比的提高受爆震燃烧的限制，而柴油机进气行程进入气缸的是纯空气，对提高压缩比限制小，所以柴油机压缩比大（柴油机为 $15 \sim 22$，汽油机为 $6 \sim 10$），热效率比汽油机高（柴油机为 $30\% \sim 40\%$，汽油机为 $20\% \sim 30\%$）。

（2）经济性好

柴油机热效率高，热量利用率高。柴油机的负荷调节是通过直接改变每循环的供油量来实现的（为质调节，汽油机为量调节），而每循环进入气缸的空气量变化不大，在大部分负荷下，柴油机过量空气系数都大于1，有利于燃料充分燃烧。由于上述两方面的原因，使柴油机燃油消耗率比汽油机低（约低30%），而且柴油价格比汽油便宜，所以柴油机的经济性比汽油机要好。柴油机靠压缩自燃，无点火系，所以工作比较可靠，故障较少。

## （二）柴油机燃料供给系的功用与组成

### 1. 功用

柴油机燃料供给系是柴油机的重要组成部分，其主要功用是：不断供给发动机清洁的燃料和空气，根据柴油机不同工况的要求，将一定量的柴油以一定压力和喷油质量定时喷入燃烧室，使其与空气迅速混合并燃烧，做功后将燃烧废气排出气缸。

### 2. 基本组成

柴油机燃料供给系的基本组成，主要由燃油供给装置、空气供给装置、混合气形成装置和废气排出装置 4 部分组成。

（1）燃油供给装置

主要功用是完成燃料的储存、滤清和输送工作，并以一定压力和喷油质量定时、定量地将燃料喷入燃烧室。根据发动机工作时的燃油压力不同，燃油供给装置可分为高压油路和低压油路两部分，低压油路主要包括油箱、输油泵、柴油滤清器和低压油管等，高压油路主要包括喷油泵、喷油器和高压油管等。

（2）空气供给装置

主要功用是供给发动机清洁的空气，其包括空气滤清器和进气管等，在有些柴油发动机上，还装有进气增压装置。

（3）混合气形成装置

主要功用是使燃油与空气混合形成混合气。由于柴油的蒸发性较差，柴油机在压缩上止点附近，燃油供给装置将柴油直接喷入燃烧室，在燃烧室内，柴油与空气边混合边燃烧，所以柴油机的混合气形成装置就是燃烧室。

（4）废气排出装置

主要功用是在做功后排出气缸内的燃烧废气，其主要包括排气管和排气消声器等。

### 3. 工作过程

柴油机工作时，活塞式输油泵将柴油从油箱内吸出，并以 0.15～0.30MPa 的低压输送给柴油滤清器，清洁的柴油经低压油管进入柱塞式喷油泵，喷油泵将柴油压力提高到 10MPa 以上，并根据发动机负荷的大小，将一定量的高压柴油经高压油管输送给喷油器，由喷油器将柴油喷入燃烧室。

输油泵的供油量远大于发动机消耗的油量，多余的柴油经喷油泵回油管流回油箱。喷油器间隙泄漏的少量柴油经喷油器回油管流回油箱。

## 二、柴油机混合气形成装置

### （一）柴油机混合气形成

#### 1. 混合气形成特点

柴油机在压缩行程接近终了时，才由喷油器将柴油喷入燃烧室，混合气是在燃烧室内形成的，所以柴油机混合气的形成时间短、空间小，对混合气形成极为不利。为此，在现代柴油机上，通常采取以下措施以改善混合气形成条件：

（1）采用较高的压缩比，以提高压缩终了时气缸内空气的压力和温度。

（2）采用较高的喷油压力，以帮助柴油雾化。

（3）组织较强的空气运动（涡流），以加速柴油的蒸发和提高混合气形成的均匀性。

（4）根据混合气形成方式采用适当的燃烧室形状与之配合。

### 2. 混合气形成方式

为保证发动机工作时形成良好的混合气，柴油发动机采用的混合气形成方式主要有两种：空间雾化式和油膜蒸发式。

（1）空间雾化式混合气形成方式是指将柴油直接喷射到燃烧室的空间并形成雾状，雾化的柴油在燃烧室空间内吸收压缩空气热量并蒸发，柴油蒸气在空气涡流的搅动下扩散并与空气混合。

（2）油膜蒸发式混合气形成方式是指喷油器将大部分柴油喷射到燃烧室壁面上，形成一层油膜，随后，油膜从燃烧室壁面上吸热并逐层蒸发，柴油蒸气在空气涡流的搅动下扩散并与空气混合。目前，在中小型高速柴油发动机上，多数采用空间雾化与油膜蒸发兼用的复合式混合气形成方式，且一般是以空间雾化为主、油膜蒸发为辅。

## （二）柴油机燃烧室

柴油机混合气是在燃烧室内形成的，所以燃烧室的结构形式对混合气的形成和燃烧过程均有直接影响。柴油机燃烧室的结构形式主要是与喷油器的喷雾形状匹配，同时还必须满足组织空气涡流运动的需要。柴油机燃烧室形状通常有很多，按结构形式可分为两大类：统一式和分隔式。

### 1. 统一式柴油机燃烧室

统一式燃烧室是由凹顶活塞顶与气缸盖底面组成的，几乎全部燃烧室容积都集中在活塞顶的凹下部分。此类燃烧室的特点是形状简单、易于加工，且结构紧凑、散热面积小、热效率较高。但采用统一式燃烧室的柴油机，对喷油压力和喷油器的喷雾质量要求高，而且混合气燃烧时的速度快，容易产生工作粗暴、喷射压力较高的现象。

### 2. 分隔式柴油机燃烧室

分隔式燃烧室由主燃烧室和副燃烧室两部分组成，主燃烧室位于活塞顶与气缸盖底面之间，副燃烧室位于气缸盖中，主、副燃烧室之间，由一个或几个孔道相连。常见的分隔式燃烧室有涡流室式燃烧室和预燃室式燃烧室两种。

## 三、活塞式输油泵和柴油滤清器的构造与维修

### (一) 活塞式输油泵的构造与维修

输油泵的功用是克服油路中的各种阻力，将柴油从油箱内吸出并将足够量和一定压力的柴油输送给喷油泵。

#### 1. 活塞式输油泵的构造

活塞式输油泵的构造，主要由泵体、活塞、进油阀、出油阀和手油泵等部分组成。活塞式输油泵安装在喷油泵壳体上，用喷油泵凸轮轴上的偏心轮驱动。喷油泵凸轮轴转动时，轴上的偏心轮驱动滚轮、滚轮架、推杆和活塞向下运动，泵腔内容积减小，油压升高，进油阀被关闭，出油阀被压开。当喷油泵凸轮轴上的偏心轮转过时，在活塞弹簧的作用下，推动活塞向上运动，泵腔内的油压升高，出油阀关闭，泵腔内的柴油经出油管输出，同时，由于泵腔内的容积增大，形成一定的真空度，将进油阀吸开，油箱内的柴油经进油管和进油阀被吸入泵腔。

#### 2. 活塞式输油泵的检修

(1) 检查输油泵各配合部位间隙，若超过允许极限，应及时更换磨损的零件。

(2) 检查进、出油阀，若密封不严，可将阀与阀座进行研磨；若有损坏，应更换新件。更换新阀时，也应进行研磨。

(3) 检查泵体有无裂纹或螺纹乱扣现象，根据损坏情况，检修或更换泵体。

#### 3. 活塞式输油泵密封性的检查

检查输油泵的密封性时，旋紧输油泵上手油泵的手柄，堵住出油口，将其浸入清洁的柴油中。从进油口通入 150~200KPa 的压缩空气，在泵体与推杆之间的缝隙处有微量空气以气泡形式漏出，且气泡直径很小，将气泡用量筒收集，1 分钟内不应超过 50ml，若漏气严重，应检修或更换输油泵。输油泵也可在专用试验台上进行密封性检验，当供油压力为 100KPa，工作转速为 750r/min 时，推杆与推杆套配合处在 1 分钟内不得有漏油现象。

### (二) 柴油滤清器的构造与维修

柴油滤清器的功用是滤除柴油中的杂质、水分和石蜡，以减轻喷油泵和喷油器各精密偶件的磨损。柴油滤清器通常安装在喷油泵附近，串联在输油泵和喷油泵之间。目前车用柴油机装用的柴油滤清器主要有单级和双级两种。

### 1. 单级柴油滤清器的构造

常用的单级柴油滤清器其结构原理与纸质滤芯可拆式机油粗滤器基本相同，区别主要是在柴油滤清器盖上设有放气螺钉和限压阀。柴油经过滤清器时，水分沉淀在壳体内，杂质被滤芯滤除。放气螺钉用于排除低压油路内的空气。当滤清器内压力超过限压阀开启压力（0.1~0.15MPa）时，限压阀开启，使多余的柴油流回油箱。

### 2. 双级柴油滤清器的构造

常用的双级柴油滤清器实际是由两个单级柴油滤清器串联成一体，第一级采用纸质滤芯，第二级采用毛毡滤芯或纸质滤芯。柴油经第一级滤清器过滤后，由滤清器内部油道进入第二级滤清器。滤清器盖上设有一个放气螺钉和一个限压阀。

## 四、柱塞式喷油泵的构造与维修

喷油泵又称高压油泵，其功用是接受输油泵输送来的低压柴油，对柴油进行加压后，按柴油机不同工况的要求，定时、定量地将高压柴油输送给喷油器。这一功能确保了柴油在发动机中的有效燃烧，为车辆提供了动力。柱塞式喷油泵的作用是利用多个柱塞式分泵向发动机各缸的喷油器提供高压油，其发展和应用的历史较长，工作可靠，在国产柴油机上应用较为普遍。

### （一）柱塞式喷油泵的基本构造与工作原理

柱塞式喷油泵主要由柱塞分泵、油量调节机构、分泵驱动机构、泵体4部分组成。

### 1. 柱塞分泵

柱塞式喷油泵由与发动机气缸数相同的多个柱塞分泵组成。柱塞分泵主要由柱塞偶件和出油阀偶件组成。柱塞偶件由柱塞和柱塞套筒组成。柱塞套筒安装在喷油泵体内，并用螺钉固定，防止其周向转动。套筒上加工有两个油孔，均与喷油泵体上的低压油腔相通。柱塞与柱塞套筒紧密配合，柱塞的圆柱表面加工有斜槽，斜槽的内腔与柱塞上面的泵腔有油孔连通。在柱塞下端固定有调节臂，通过它可使柱塞在套筒内转动。在调节臂与喷油泵体之间装有柱塞弹簧和弹簧座，柱塞弹簧将柱塞推向下方，并使柱塞下端面与装在滚轮体中的垫块、滚轮与凸轮保持接触。发动机工作时，发动机曲轴通过传动机构驱动喷油泵凸轮轴转动，凸轮轴上的凸轮和柱塞弹簧共同作用，驱使柱塞在柱塞套筒内做往复运动。出油阀偶件安装在柱塞偶件上部，并通过压紧座和垫片使出油阀座与柱塞套筒压紧，以保证密封。

### 2. 油量调节机构

油量调节机构的功用是执行驾驶员或调速器的指令，改变柱塞与柱塞套筒的相对位置，从而改变喷油泵的供油量，以适应发动机不同工况的要求。柱塞式喷油泵常用的油量调节机构主要有拨叉式和齿条式两种。这两种机构都能有效地根据发动机的需求调整喷油泵的供油量，确保发动机在不同工况下都能高效、稳定地运行。

### 3. 分泵驱动机构

分泵驱动机构的功用是驱动柱塞在柱塞套筒内往复运动，使喷油泵完成供油过程。分泵驱动机构主要包括喷油泵凸轮轴和滚轮体等。凸轮轴通过两个轴承支撑在喷油泵体内，其结构原理与配气机构所用的凸轮轴相似。凸轮轴的前端通过联轴器与正时齿轮相连，后端与调速器相连，凸轮轴上加工有驱动分泵的凸轮和驱动输油泵的偏心轮。改变前端盖与泵体之间的密封垫的厚度，或改变轴承与轴身之间的调整垫片的厚度，可调整凸轮轴的轴向间隙。

### 4. 泵体

泵体是喷油泵的基体，有分体式和整体式两种。分体式泵体分上、下两部分，用螺栓连接在一起，上部分用来安装分泵，下部分用来安装油量调节机构和驱动机构，这种设计便于拆装。整体式泵体则具有较高的刚度，虽拆装不便，但在需要较高刚性的应用中更为适用。喷油泵和调速器的润滑有两种形式：一种是独立润滑，即在喷油泵和调速器内单独加注润滑油；另一种是压力润滑，即利用发动机润滑系中的压力油进行润滑。

## （二）喷油泵的驱动与供油提前角调节装置

### 1. 喷油泵的驱动

喷油泵通常由曲轴前端的正时齿轮带动一组齿轮来驱动，各传动齿轮之间均有正时标记，安装时必须对正各正时标记，以保持喷油泵的供油正时（用供油提前角表示）。

### 2. 联轴器

喷油泵所用的联轴器通常为挠性片式联轴器，主要由两组弹性钢片、连接叉等部件组成。两组弹性钢片用螺栓与连接叉固定连接，弹性钢片前端用螺栓与喷油泵驱动轴相连，弹性钢片后端通过连接盘与供油提前角自动调节器连接。连接盘上的螺栓孔为弧形，松开连接盘与弹性钢片的连接螺栓，即可改变喷油泵凸轮轴相对发动机曲轴的角位置，从而可对喷油泵供油提前角进行调节。通常在联轴器与喷油泵壳体上刻有第一缸供油标记，安装时将标记对正即可。

### 3. 供油提前角自动调节器

常用的供油提前角自动调节器为机械离心式，如 ACA6110A 型柴油机装用的供油提前角自动调节器。调节器安装在联轴器与喷油泵之间，前端由带两个方形凸块的驱动盘与联轴器相连，在驱动盘的后端面上压装着两个销轴，两个飞块通过其孔松套在销轴上，飞块的另一端压装有销钉，销钉上松套着内座圈和滚轮。调节器从动盘用半圆键与喷油泵凸轮轴连接，从动盘内腔两臂的弧形侧面分别与两个滚轮接触，其平侧面则压在弹簧上。弹簧和另一端支撑在弹簧座上，弹簧座用螺钉固定在销轴的顶端。整个调节器为一个密封的整体，内腔充满润滑油。

## 五、调速器的构造与维修

### （一）调速器的功用

从理论上讲，柴油机工作时，油门开度不变，喷油泵供油拉杆或齿条的位置不变，则每循环的供油量应该不变。但实际工作中，由于喷油泵进、回油孔的节流作用随发动机转速提高而增加，柱塞式喷油泵的柱塞偶件或转子式喷油泵的分配转子泄漏量随发动机转速提高而减少，均会导致喷油泵的供油正时和供油量随发动机转速变化而变化，这直接造成柴油机的工作稳定性很差。转速较高时，由于供油提前和供油量增多，柴油机容易产生"超速"（俗称飞车）；转速较低时，而由于供油推迟和供油量减少，柴油机容易熄火。因此，柴油机一般都装有调速器。调速器的功用是：在柴油机工作时，根据负荷大小，自动调节喷油泵的供油量，以稳定和限制柴油机转速，使柴油机在不同工况下均能稳定运转，防止超速或飞车现象的发生。

### （二）调速器的构造与工作原理

车用柴油机装用的调速器，根据其结构不同可分为机械离心式、气动膜片式和复合式 3 种类型，在此仅介绍国产喷油泵中应用较为广泛的机械离心式调速器。机械离心式调速器的结构形式有很多，但其基本组成和基本原理相同。机械离心式调速器都是由离心元件（飞球或飞块）、调速弹簧和传动机构 3 大部分组成的。

离心元件用来感应柴油机的转速，当柴油机负荷（油门开度）一定时，离心元件在某一转速下产生的离心力与调速弹簧的弹力平衡。如果柴油机负荷不变，由于阻力减小使柴油机转速升高时，离心元件产生的离心力增大，通过传动机构克服调速弹簧的弹力带动喷油泵供油齿条（或拉杆）向减油方向移动，从而使柴油机转速回降；反之，柴油机转速下降时，离心元件产生的离心力减小，调速弹簧的弹力大于离心力，调速弹簧通过传动机构推动喷油泵供油齿条（或拉杆）向加油方向移动，柴油机转速回升。总之，当柴油机负荷不变时，调速器在其工作转速范围内，根据柴油机转速的变化情况自动调节喷油泵供油量，使柴油机保持在一个相对稳定的转速下运转，在此转速下，离心元件产生的离心力与调速弹簧的弹力平衡。根据工作转速范围不同，调速器又可分为两速和全速两种。两速调速器只能起到稳定低速（怠速）和限制高速的作用，而在中等转速时不起作用。全速调速器在各种转速下均起调速作用。

## 六、柴油机喷油器的构造与维修

### （一）喷油器的功用与类型

柴油机喷油器的功用是将燃油雾化并合理分布到燃烧室内，以便与空气混合形成混合气。根据柴油机混合气形成与燃烧的要求，喷油器应有一定的喷射压力和射程（即喷射距离）以及合适的喷射锥角。此外，喷油器停止供油时应干脆，不应有滴漏现象。

目前，车用柴油机上装用的喷油器均为"闭式"喷油器，即喷油器在不喷油时，喷孔被针阀关闭，将燃烧室与喷油器的油腔彻底分隔开。常用的闭式喷油器又可分为孔式和轴针式两种结构类型。

### （二）喷油器的构造

轴针式喷油器与孔式喷油器除针阀和针阀体结构略有不同外，其他结构及工作原理完全相同。喷油器主要由针阀、针阀体、顶杆、调压弹簧、调压螺钉及喷油体等零件组成。喷油器不喷油时，调压弹簧通过顶杆使针阀紧压在针阀体的密封锥面上。调压弹簧的预紧力，可通过调压螺钉来调整。为防止细小杂物堵塞喷孔，喷油器进油管接头内一般装有缝隙式滤芯。针阀与针阀体是喷油器的精密偶件，针阀上部的圆柱表面和针阀体相对应的内圆柱面配合精度很高，其配合间隙只有 $0.0010 \sim 0.0025$mm。因为配合间隙过大，会因漏油而导致油压下降，直接影响喷雾质量；配合间隙过小，针阀又不能在针阀体中正常运动。

喷油器针阀的下端锥面与针阀体上相应的内锥面配合，实现喷油器内腔的密封，也称为密封锥面。针阀上部的圆柱面及下端的锥面与针阀体的配合是经过精磨后再相互研磨以保证其配合精度的，所以喷油器精密偶件不能进行互换。

### （三）喷油器的维修

#### 1. 喷油器的检修

（1）用专用工具从柴油机上拆下喷油器，用铜丝刷清洁喷油器外部。

（2）将喷油器喷孔朝上，用垫有铜皮护口的台钳夹住喷油器体。

（3）从喷油器体上拧下紧固螺套，拆下针阀、针阀体等零件，并从喷油器体内取出顶杆。注意：针阀与针阀体都是高精度配合偶件，必须按原配成对放置，若针阀卡死在针阀体内无法取出，表明针阀已变形，应及时更换针阀与针阀体偶件。

（4）松开台钳，将喷油器掉转并重新夹住，拧下调压螺钉护帽和调压螺钉，取出调压螺钉垫圈、调压弹簧和弹簧座等零件。

（5）用直径合适的专用清洁针清除喷孔内的积炭，用柴油清洗喷油器各零件。

（6）检查针阀。若发现其密封锥面或导向面暗淡无光，表明针阀已磨损；其前端有暗黄色的伤痕，表明针阀因过热而拉毛；其导向面有咬住或黏滞的痕迹，表明针阀已变形。

发现上述任何情况之一，均应更换针阀与针阀体偶件。

#### 2. 就车检查喷油器

在缺少喷油器试验台时，也可就车检查喷油器的工作情况：

（1）拆下待查的喷油器，用一个三通接头，将其与一个工作性能良好的标准喷油器并联安装在喷油泵高压油管上，启动发动机并维持怠速运转。

（2）观察待查喷油器是否与标准喷油器同时喷油。若待查喷油器喷油早，说明其喷油压力过低；反之，则说明待查喷油器喷油压力过高。喷油压力过高或过低，都应进行调整。

（3）观察喷油器的喷油情况，应符合喷雾试验的要求。

（4）在两个喷油器下面各放一只量杯，以对比检查其喷油量。

## 七、转子泵燃油供给装置的构造与维修

这里以索菲姆柴油机为例，介绍转子泵燃油供给装置的构造与维修。

### （一）转子泵燃油供给装置的组成

柴油机采用德国波许公司生产的 VE 型轴向压缩式转子分配泵，其燃油供给装置主要由油箱、膜片式输油泵、双级柴油滤清器、低压油管、VE 型转子分配泵、高压油管、喷

油器和回油管等部件组成。发动机工作时，膜片式输油泵将柴油从油箱中吸出并泵向柴油滤清器，经滤清后的柴油进入 VE 型转子分配泵，转子分配泵将柴油加压并通过高压油管分配给各缸喷油器，输油泵和喷油泵供给的多余的柴油及喷油器泄漏的少量柴油经回油管流回油箱。

## （二）转子分配泵的构造

转子分配式喷油泵主要由叶片式输油泵、分配泵、调速器、供油提前角自动调节器等部件组成。SOFIM 柴油机 VE 型转子分配泵还装有气动膜片式供油量调节装置（LDA 装置）。VE 型转子分配泵工作原理为：柴油机工作时，来自柴油滤清器的清洁柴油进入 VE 型转子分配泵后，经叶片式输油泵输出的低压柴油分两路；一路流向供油提前角自动调节器，另一路经泵体内的油道、分配泵柱塞上的轴向油槽进入分配泵油腔。进入分配泵油腔内的柴油被分配泵柱塞（又称分配转子）加压，然后经分配泵柱塞中心油道、分配孔、出油阀和高压油管直到喷油器。

### 1. 叶片式输油泵

叶片式输油泵是转子泵燃油供给装置中的第二级输油泵，它安装在转子分配泵内部的前端，主要由转子、叶片、偏心环和端盖等组成。偏心环用定位销与喷油泵壳体固定。转子装在偏心环内，转子上的每个凹槽中分别装有一个叶片，叶片既可随转子一起转动，也可在转子凹槽内滑动。端盖用于封闭偏心环两端。

### 2. 分配泵的驱动机构

分配泵驱动机构的组成。喷油泵轴支撑在喷油泵壳体上，端面凸轮与分配泵柱塞连成一体，并用联轴器与喷油泵轴连接，端面凸轮的端面上有与气缸数相等的凸轮（凸峰）。在柱塞回位弹簧作用下，端面凸轮始终抵靠在滚轮架上的滚轮上。

## （三）转子分配泵的维修

### 1. 供油正时的调整

以 SOFIM 柴油机为例，VE 型转子分配泵（简称 VE 型泵）供油正时的调整方法如下：

（1）首先把 VE 型泵正时齿轮按正时记号对准，将 VE 型泵插装到附件箱主轴的内齿套中，装上 VE 型泵安装螺栓，并轻轻拧紧。

（2）拆下 VE 型泵柱塞套端部的检视螺钉，装上百分表，使百分表测头与柱塞接触。

（3）反方向转动飞轮，对准飞轮上的上止点标记，使第一缸活塞处于压缩上止点前所规定的供油提前角位置上。

### 2. 急速与最高转速的调整

汽车在空气滤清器通畅，冷却水温度正常，变速器处于空挡情况下，即可以调整柴油机的急速和最高转速。

（1）调整急速时，松开加速踏板，检查 VE 型泵操纵臂是否能触及急速限位螺钉，否则应调整油门操纵机构。启动发动机，急速转速应为 750r/min，如实际转速与标准转速不符，可调整急速限位螺钉，调好后重新调整油门操纵机构，使操纵臂与急速限位螺钉接触。

（2）调整最高转速时将加速踏板踩到底，同样检查 VE 型泵操纵臂是否能触及高速限位螺钉，否则应调整加速踏板下的止动螺钉。启动发动机，把加速踏板踩到底，最高转速应为 4650r/min。如转速不符，应调整高速限位螺钉，调整应在急速下进行，然后再加速检查直至合适为止。

## 八、PT 燃油供给系统的构造与维修

### （一）PT 燃油供给系统

#### 1. 概述

PT 燃油供给系统的主要特点是利用燃油泵的供油压力"P"和喷油器的计量时间"T"相互配合，来控制发动机每循环的供油量的，此系统结构和工作原理与柱塞泵和转子泵燃油供给装置均有本质的区别，采用此系统可大大提高柴油机的动力性、经济性和适应性。

#### 2. PT 燃油供给系统的组成

康明斯柴油机 PT 燃油供给系统主要由主油箱、浮子油箱、柴油滤清器、PT 燃油泵、喷油器、进油管、回油管等部件组成。

### （二）PT 燃油供给系统的基本原理

在装用柱塞式喷油泵或转子分配式喷油泵的燃油供给系统中，均是通过控制喷油泵柱塞泵油时的有效行程来控制循环供油量的，而 PT 燃油系统控制循环供油量所利用的基本原理是：在喷油器计量孔截面积一定时，每循环喷入气缸的油量只取决于喷油器的计量时间和供油压力，循环喷油量随喷油器计量时间和供油压力的增减而增减。

PT 燃油供给系统的工作原理为：当齿轮泵旋转时，燃油即从油箱经滤清器和油管被齿轮泵吸入，再由齿轮泵增压后输出。齿轮泵的出口与燃油压力脉动阻尼器的油道相连通，阻尼器可减缓油压的脉动，使油压平稳。燃油从齿轮泵经油道送往滤网式磁性滤清器进行过滤，过滤后的燃油进入 PTG 两速调速器，该调速器所控制的套筒上的油道有 3 个出口：一个是主油道的油由节流阀经断油阀供往喷油器；另一个是怠速油道的油经怠速油道、断油阀到喷油器；第三个是旁通油道的油经旁通油道返回齿轮泵的入口。调速器柱塞随柴油机转速和负荷的变化而左右移动，使进油道与上述各出油口相对位置改变，实现对 PT 燃油泵供油压力调节。PT 喷油器由凸轮轴上的凸轮来驱动，因此，喷油器计量时间（进油时间）受凸轮轮廓和凸轮轴转速的影响。对已制造好的柴油机来说，如果不考虑磨损因素，则凸轮的外形轮廓是一定的，即控制喷油器计量时间的凸轮转角不变。但当柴油机转速增加时，由于喷油器的计量时间缩短，而使 PT 燃油供给系统循环供油量减少，柴油机转速降低时则循环供油量增加。

## （三）PT 燃油供给系统的维修

### 1. PT 燃油泵维修注意事项

根据 PT 燃油泵的结构特点，在维修时应注意：

（1）拆卸前对燃油泵外部进行彻底清洗，但不要使用对铝合金零件有腐蚀的清洗液。

（2）维修时，能不拆的总成尽量不拆，拆下的精密零件如调速器柱塞、节流阀轴、AFC 柱塞等需妥善保管，不可使其表面产生损伤。

（3）拆卸时应尽量使用专用工具，如 PT 燃油泵拆装架等。拆装紧配合的零件时，应采用可控压力的台式压床，或采用铜锤或塑料锤轻轻敲打，如前盖总成是用定位销定位在泵盖上的，拆卸时用塑料锤轻轻敲打，即可使其松脱拆下。

（4）分解 PT 燃油泵时，首先按其组成分解成总成，如：断油阀总成、调速器总成、齿轮泵总成、磁性滤清器总成、阻尼器总成、节流阀总成、AFC 装置等，然后再将各总成分解成零件。

### 2. 调速器柱塞与套筒的选配

（1）检查调速器柱塞和套筒的磨损情况，若因磨损间隙超过规定值，但套筒内表面没有划痕和明显的磨损时，可按套筒端面上打有的尺寸组号标记更换同级尺寸的新柱塞，使配合间隙恢复标准。柱塞与套筒标准配合间隙为 $0.0081 \sim 0.0125$mm，装配时柱塞能靠自身重量缓慢滑进套筒即可。

（2）如果调速器柱塞和套筒均有磨损，且配合间隙超过规定值，可换用加大一级或两级的柱塞，并用细研磨膏将柱塞与套筒一起研磨，直到配合间隙符合规定为止。研磨前选配的柱塞不能靠自身重量缓慢滑进套筒，但研磨后应能靠自身重量缓慢滑进套筒。

（3）调速器柱塞的硬度很高，一般磨损较小，但若其内表面有较深的伤痕或磨损严重，应更换套筒。更换套筒时，先将泵壳体加热至150℃以上，再压出或压入套筒，套筒与泵壳体上的承孔至少有 0.025mm 的过盈量，必要时可选用外径加大的套筒。

# 第七章 汽车制动与转向系统故障与维修

## 第一节 制动系统故障与维修

### 一、检查和调整制动踏板高度

制动踏板的高度直接影响刹车的性能，并且对制动踏板的自由行程和制动踏板行程也有着重要的影响。

下列描述了丰田汽车制动踏板高度的调节方法。

#### （一）拆解

（1）拆卸停车灯开关总成

转动刹车灯开关总成并拆除。

（2）拆卸刹车灯开关安装调节器，如图7-1所示

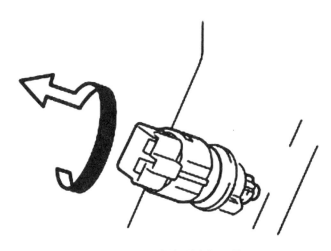

图7-1 拆卸刹车灯开关

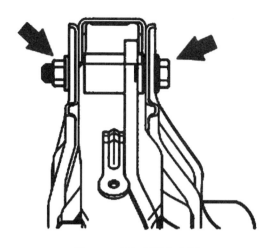

图 7-2 拆卸螺栓和螺母

（3）拆卸制动踏板分总成

①拆卸螺栓和螺母，如图 7-2 所示。

②拆卸 2 个制动踏板衬套、制动踏板轴套环和制动踏板分总成。

（4）拆卸制动踏板衬块

## （二）调整

（1）检查和调整制动踏板高度

检查制动踏板高度，如图 7-3 所示。踏板距离缓冲板的高度：129.9～139.9 mm。

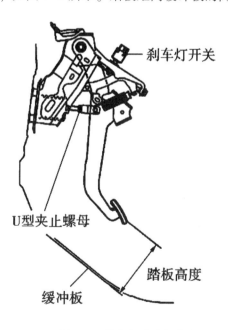

图 7-3 检查制动踏板高度

（2）调整制动踏板高度

①从停车灯开关总成上断开连接器。

②拆卸刹车灯开关。

③松开推杆 U 型夹锁止螺母。

④通过转动推杆，调整踏板高度。

⑤拧紧 U 型夹锁止螺母。

扭矩：26N·m。

⑥将开关插入调节器直到开关碰到踏板，如图 7-4 所示。

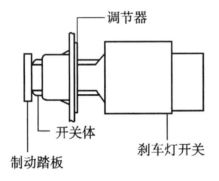

图 7-4　安装开关

备注：

不要踩下踏板。

⑦将开关顺时针旋转 1/4 圈。

扭矩：1.5N·m 或更小。

备注：

不要踩下踏板。

⑧接上连接器。

⑨检查开关间隙，如图 7-5 所示。标准刹车灯开关间隙：1.5~2.5mm。

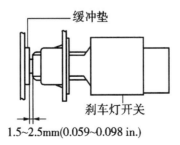

1.5~2.5mm(0.059~0.098 in.)

图 7-5　确认间隙

## 二、检查制动踏板

### （一）检查制动踏板自由行程

第一，停止发动机。

踩下踏板数次直到助力器中没有真空，松开踏板。

第二，踩下踏板，直到能感到轻微阻力。

按图所示测量距离，如图 7-6 所示。

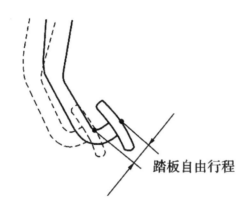

图 7-6　检查自由行程

踏板自由行程一般应该为：1.0～6.0mm。

如果踏板自由行程不符合规定，则下一个步骤应该检查开关间隙。如果踏板自由行程符合规定，则进入"检查踏板行程余量"步骤。

### （二）检查开关间隙

标准刹车灯开关间隙为：1.5～2.5mm。

如果间隙不符合规定，则重新安装开关并重新检查踏板自由行程。如果间隙符合规定，则对制动系统进行故障排除并进入"检查踏板行程余量"步骤。

## 三、检查制动盘跳动

第一，松开驻车制动踏板或驻车制动器杆。

第二，发动机正在运转时，踩下踏板，测量踏板行程余量。

在 500N 时，踏板离缓冲板的行程余量应该为 61mm。如果行程余量不符，应对制动系统进行故障排除。

## 四、拆检与调整驻车制动器

### （一）驻车制动器组件

#### 1. 准备工作

（1）确保车辆处于安全状态，关闭发动机并拔掉钥匙。

（2）准备好所需的工具和设备，如螺丝刀、扳手、千斤顶等。

（3）清理工作区域，确保没有杂物干扰拆检过程。

#### 2. 拆卸驻车制动器

（1）拆下驻车制动操纵机构，通常涉及拆卸回位弹簧、驻车制动钢丝绳等部件。

（2）拆下制动鼓或制动盘，以及相关的制动蹄片、制动底板等。

（3）检查并记录所有拆卸下的部件，以便后续重新装配。

#### 3. 检查驻车制动器部件

（1）检查驻车制动操纵机构是否损坏，如钢丝绳是否磨损、断裂，操纵杆及连接部件是否变形、开裂等。

（2）检查制动鼓或制动盘是否磨损、开裂或变形，以及制动蹄片是否磨损过度或烧蚀。

（3）检查制动蹄支承销孔与支承销的配合间隙是否超标，以及制动蹄回位弹簧的弹性及拉力是否减弱。

### （二）调整驻车制动器

#### 1. 调整制动蹄与制动鼓（或制动盘）的间隙

（1）使用测厚仪从制动鼓（或制动盘）的观察孔沿整个蹄块的边缘进行检查，确保间隙在 0.20~0.40mm 之间。

（2）如果间隙不合适，可以通过调整拉杆的调整螺母来改变间隙大小。

（3）调整完毕后，确保制动蹄与制动鼓（或制动盘）之间保持良好的接触状态。

#### 2. 调整驻车制动操纵装置

（1）将操纵杆向前推到底，旋动拉丝软轴调整螺母，使摇臂与水平线成一定夹角（如 15°），然后拧紧锁紧螺母。

（2）拉起操纵杆，检查制动蹄是否完全压紧在驻车制动鼓（或制动盘）上。

（3）调整完毕后，检查驻车制动器是否调整得当。通常，将驻车制动器操纵杆从放松位置向上拉时，应有 2~3 次的自由行程，然后才有制动感。拉至一定次数（如 7~9 响）时，汽车应能可靠地在坡度为 20%、附着系数不小于 0.7 的坡道上停住。

**3. 其他调整**

（1）如果驻车制动器的零件或总成已更换，或蹄片轴已拆卸过并松动，则必须对制动器进行重新调整。

（2）调整时，要注意确保所有部件都正确安装并紧固到位。

# 第二节　转向系统故障与维修

## 一、转向系统的功能、类型与组成

### （一）转向系统的功能

用来改变或保持汽车前进行驶或倒退方向的一系列装置称为汽车转向系统。汽车转向系统的功能就是按照驾驶员的意愿控制汽车的行驶方向或保持汽车稳定的直线行驶，对于汽车的行驶安全至关重要。它是能够实现转向轮偏转和回位的一套机构。当汽车需要改变行驶方向时，必须使转向轮绕主销轴线偏转一定角度，直到新的行驶方向符合驾驶员的要求时，再将转向轮恢复到直线行驶的位置。

### （二）转向系统的类型

汽车转向系统按照转向动力源的不同分为两大类：机械转向系统和动力转向系统。

机械转向系统以驾驶员的体力作为转向动力源，是完全靠驾驶员手动操纵的转向系统，也被称为人力转向系统；动力转向系统除了依靠驾驶员的体力外，还借助了其他形式的动力作为辅助动力源，可以减少驾驶员转动转向盘的操纵力，减轻驾驶员的疲劳。动力转向系统又可分为液压动力转向系统和电动助力动力转向系统，以及气压动力转向系统三部分。

### （三）转向系统的组成

机械转向系统由转向操纵机构、转向器和转向传动机构三大部分组成。

转向操纵机构由方向盘、转向轴、万向节、转向传动轴等部件组成，它的作用是将驾驶员转动转向盘的操纵力传给转向器；转向器（也常称为转向机）是完成由旋转运动到直线运动（或近似直线运动）的一组齿轮机构，同时也是转向系统中的减速传动装置。较常用的有齿轮齿条式、循环球曲式、蜗杆曲柄指销式、循环球—齿条齿扇式、蜗杆滚轮式等。这里主要介绍前三种。转向传动机构的功用是将转向器输出的力和运动传到转向桥两侧的转向节，包括：转向摇（垂）臂、转向直（纵）拉杆、转向节臂、转向梯形臂、转向横拉杆等。

## 二、转向器

### （一）基本构造

1. 循环球式转向器主要由以下部件组成：

（1）螺杆：与方向盘转向管柱固定连接，负责传递转向力。

（2）螺母：在螺杆的推动下进行轴向移动，进而通过齿轮驱动转向摇臂往复摇动，实现转向。

（3）转向器壳体：用于容纳和固定转向器的各个部件。

（4）4小钢球：被放置于螺母与螺杆之间的密闭管路内，起到将螺母与螺杆之间的滑动摩擦转变为阻力较小的滚动摩擦的作用。

此外，循环球式转向器还包括一些辅助部件，如钢球导管、间隙调整装置等，以确保转向器的正常工作和精确控制。

### （二）工作原理

循环球式转向器的工作原理如下：

（1）当方向盘转动时，转向轴带动转向螺杆旋转。

（2）螺杆通过钢球将力传给转向螺母，使得转向螺母沿轴向移动。

（3）同时，在螺杆与螺母以及钢球间的摩擦力偶作用下，所有钢球在螺旋管状通道内滚动，形成"球流"。

（4）钢球在管状通道内绕行两周后，流出螺母而进入导管的一端，再由导管另一端流回螺旋管状通道。

（5）转向螺母上的齿条带动齿扇及轴转动，进而带动转向摇臂摆动。

（6）通过其他转向传动装置的传动，实现车轮的偏转。

# 三、转向操纵机构

## （一）转向操纵机构的功能

转向操纵系统的功能是产生转动转向器所必需的操纵力，并具有一定的调节和安全性能。

转向操纵机构要将驾驶员转动方向盘的操纵力传给转向器，同时为了保证驾驶员的舒适性，还要求具备调节功能，以满足不同驾驶员的要求；同时为了防止车辆撞击后对驾驶员造成伤害，还要求转向操纵机构具有一定的安全保护功能。

## （二）转向操纵机构的组成

### 1. 方向盘

方向盘由轮圈、轮辐和轮毂组成。轮辐一般为三根辐条或四根辐条，也有两根辐条的。轮毂的细牙内花键与转向轴连接。方向盘内部由成形的金属骨架构成，骨架外面一般包有柔软的合成橡胶或树脂，也有皮革，这种材质能够带来良好的握感和舒适的使用体验，也能够提高驾驶的乐趣和舒适度。方向盘上都有喇叭按钮，有些汽车的方向盘上还装有车速控制开关和安全气囊。

### 2. 转向轴

转向轴分为上下两段，中间用柔性联轴器连接。联轴器的上、下凸缘盘靠两个销子与销孔扣合在一起，销子通过衬套与销孔配合。当发生猛烈撞车时，车身、车架产生严重变形，导致转向轴、转向盘等部件后移。与此同时，在惯性作用下驾驶员人体向前冲，致使转向轴的上、下凸缘盘的销子和销孔脱开，从而缓和冲击，吸收冲击能量，有效地降低驾驶员受伤的概率。

### 3. 转向管柱

缓冲吸能式转向操纵结构从结构上能使转向轴和转向管柱在受到冲击后，轴向收缩并吸收冲击能量，从而有效地缓和转向盘对驾驶员的冲击，减轻其所受到伤害的程度。

转向管柱的类型主要有网状转向管柱和钢球滚压转向柱两种。

（1）网状转向管柱

网状转向管柱的部分管壁制成网格状，使其在受到压缩时很容易产生轴向变形，并消耗一定的变形能量，避免了转向盘对驾驶员的挤压伤害。

（2）钢球滚压转向柱

转向轴分为上转向轴和套在轴上的下转向轴两部分，二者用塑料销钉连成一体。转向柱管也分为上柱管和下柱管两部分，上、下柱管之间装有钢球，下柱管的外径与上柱管的内径之间的间隙比钢球直径稍小。上、下柱管连同柱管托架通过特制橡胶垫固定在车身上，橡胶垫则利用塑料销钉与托架连接。

当发生第一次碰撞时，将连接上、下转向轴的塑料销钉切断，下转向轴便套在上转向轴上向上滑动。在这一过程中，上转向轴和上柱管的空间位置没有因冲击而上移，故可使驾驶员免受伤害。第二次碰撞时，连接橡胶垫与柱管托架的塑料销钉被切断，托架脱离橡胶垫，即上转向轴和上转向柱管连同转向盘、托架一起，相对于下转向轴和下转向柱管向下滑动，从而减轻了对驾驶员胸部的冲击。在上述两次冲击过程中，上、下转向柱管之间产生相对滑动。因为钢球的直径稍大于上、下柱管的间隙，所以滑动中带有对钢球的挤压，冲击能量就在这种边滑动边挤压的过程中被吸收。

## （三）转向传动机构

转向传动机构的功能是将转向器输出的力和运动传给转向轮，使两侧转向轮偏转以实现汽车转向，并保证左右转向轮的盘转角按一定关系变化，以保证汽车转向时车轮与地面的相对滑动尽可能小。

转向传动机构有两种类型：与非独立悬架配用的转向传动装置和与独立悬架配用的转向传动装置。

与非独立悬架配用的转向传动机构通常包括转向摇臂、转向直拉杆、转向节臂、转向梯形臂和转向横拉杆等部件。这些部件通过球形铰链等连接件相互连接，形成一个复杂的传动系统。其主要特点包括：

第一，结构复杂：由于需要适应非独立悬架的特点，转向传动机构的结构相对复杂，包含多个连接点和传动路径。

第二，传递效率高：通过合理的设计和优化，这种转向传动机构能够高效地传递转向力，确保车轮的准确偏转。

第三，适应性强：能够适应不同车型和悬架布局的需求，提供稳定的转向性能。与独立悬架配套的转向传动装置

与独立悬架配用的转向传动机构则相对简单一些，通常只包括转向节臂和转向横拉杆等部件。由于独立悬架的每个车轮都可以独立运动，因此转向传动机构不需要像非独立悬架那样复杂。其主要特点包括：

第一，结构简单：由于独立悬架的特性，转向传动机构的设计相对简单，部件数量较少。

第二，运动独立性：每个车轮的转向传动机构都可以独立工作，互不干扰，提高了车辆的操控性和稳定性。

第三，空间利用率高：由于结构简单且部件数量少，因此可以更有效地利用底盘空间。

## 四、动力转向系统的故障检修与调整

以液力助力转向系统为例。

液力助力转向系统的常见故障包括：转向沉重、转向异响、方向盘抖动、（转向器、助力泵）漏油、回位困难等现象。不管是哪种故障，都会影响车辆的转向效果，从而影响汽车的可操纵性、安全性。各种故障的故障现象和故障原因都不尽相同，主要检修部位、修复方法和技术标准也不尽相同。这里着重讲解动力转向系统的 3 种常见故障（转向沉重、转向异响和方向盘抖动）。

### （一）转向沉重的故障修复与调整

转向沉重主要是液力转向系统中的非机械转向系统的部件出现了问题。主要原因可以归纳为：转向油泵、储油罐、油路损坏，以及轮胎充气不足等。具体为：①油泵驱动皮带过松、打滑；②储油罐油液高度低于规定要求；③轮胎充气不当；④转向器泄漏大；⑤流量控制阀卡顿；⑥油泵磨损、内部泄漏严重；⑦液压回路中渗入了空气；⑧动力缸或转向控制阀密封损坏。

#### 1. 泵的皮带松动

以原厂规定的压力 98N 在皮带中部按下皮带，皮带的挠度应符合原厂规定。一般新皮带挠度约为 79mm。当助力泵的皮带出现松动时，应及时进行调整或更换。

#### 2. 检查转向油罐内液面高度

（1）将车辆或总成放在平坦的地面上，使前轮处于直行位置。

（2）启动发动机，怠速转动，并使其达到正常工作温度。

（3）将转向盘从一侧极限位置转至另一侧极限位置，保持 2~3 秒钟，使液压油温度升至 75°~80°。

（4）观察油管的液面，此时液面应处于 Max 与 Min 之间，如不足，应添加。

（5）检查管接头、控制阀油封等处有无泄漏。若需要补给液压油，按原厂规定牌号补给液压油。若需要更换液压油，先顶起转向桥，从储油罐及回油管排除旧油，同时使发动机怠速运转，排放旧液压油，同时将方向盘向左、向右反复转动至极限位置，至液压油排尽 12 秒钟后，再加注新液压油。

### 3. 轮胎充气不当

使用专用的胎压测量工具测量四个轮子的气压，若达不到标准气压值，应分析原因并调整轮胎气压。

### 4. 转向器漏油

（1）检查转向器壳体有无裂纹以及其他部位有无油液泄漏，若有，应根据具体情况进行修复或更换。

（2）检查防尘罩是否损坏与老化，若发现有损坏，应更换全部 O 形圈及密封垫。

（3）排除润滑油和助力转向油，检查润滑油和助力转向油脏污情况。

### 5. 流量控制阀卡顿

（1）检查控制阀是否卡顿。用转向动力油涂抹流量控制阀，检查在其自身重力作用下是否可以平顺滑入阀孔。若有卡顿现象，应检查控制阀的泵壳、泵体孔是否存在杂质、刮痕和毛刺。毛刺可用细纱布去掉，若阀或泵壳、泵体有损坏而不能修复，则应对损坏件进行更换。

（2）检查控制阀是否泄漏。堵住一个孔，向相对另一个孔吹入压缩空气，气压 392～490kPa，观察末端是否有空气漏出。

### 6. 油泵磨损、内部泄漏严重

（1）动力转向油泵内金属元件的清洗只能使用酒精；

（2）检查泵壳是否有磨损、开裂、铸造砂眼和损坏，发现其中任何一种情况，都应更换泵壳；

（3）检查泵轴花键是否磨损，泵轴、泵轴轴套、轴承是否有裂纹和其他损坏，更换所有过度磨损和损坏的零件。

### 7. 液压回路中渗入空气

（1）若在油罐中发现有气泡，说明系统内已渗入空气；

（2）首先应架起转向桥；

（3）发动机怠速运转，反向左右转方向盘至极限位置，直至储油罐内无泡沫冒出并消除乳化现象，表明液力转向系统内的空气已基本排净；

（4）发动机刚刚熄火后，储油罐应无气泡，液面不得超过上限，停机几分钟之后，液面应升高最多 5mm。

## （二）转向异响的故障修复与调整

### 1. 故障现象描述

汽车转向时，转向系统有过大的异响，并影响到汽车的转向性能。

### 2. 故障诊断与排除

（1）当方向盘处于极限位置或原地慢慢转向盘时转向器发出"嘶嘶"声，如果这种异响严重则可能为转向控制阀性能不良，应更换转向控制阀。

（2）当转向油泵发出"嘶嘶"声或尖叫声，应进行以下检查。

①检查油罐液面高度，液面高度不够时应查明泄漏部位并修理，然后按规定加足油液。

②检查转向油泵驱动皮带是否打滑，若打滑应查明原因，更换皮带或调整皮带松紧度。

③查看油液中有无泡沫，若有泡沫，应查找漏气部位并予以修理，然后排出空气。若无漏气，则说明油路有堵塞处或油泵严重磨损及损坏，应予以修复或更换。

## （三）方向盘抖动的故障分析与检修

### 1. 故障现象描述

汽车转向时，尤其是在原地转向时，方向盘抖动。

### 2. 故障诊断与排除

（1）首先严查油罐液面是否符合规定，否则按要求加注转向油液。

（2）排放油路中渗入的空气。

（3）检查转向油泵驱动皮带是否打滑或其他驱动形式的齿轮传动等有无损坏，发现问题后应按规定调整皮带松紧度或更换性能不良的部件。

（4）对转向油泵输出压力进行检查。压力不足时应分解油泵，检查油泵是否磨损或内部漏油是否严重、安全阀及流量控制阀是否漏油或卡滞、弹簧弹力是否减弱或调整不当、各轴承是否烧结或严重磨损等。对于叶片式转向油泵还应检查转子上的密封环或油封是否损坏。对于齿轮式油泵应检查齿轮间隙是否过大等。查明故障予以修理，必要时应更换油泵。如果油泵轴油封漏油也应更换转向油泵。

# 参考文献

［1］孙永立，武波涛，田杭. 汽车底盘构造与维修［M］. 北京：电子科技大学出版社，2020.

［2］袁金辉. 于兆佳. 汽车底盘检测与维修［M］. 北京：北京理工大学出版社，2020.

［3］郭文龙，唐芳，胡胜. 汽车维修技能基础［M］. 北京：机械工业出版社，2020.

［4］张志强，聂坤宇，谢云峰. 汽车发动机构造与维修［M］. 重庆：重庆大学出版社，2020.

［5］秦航，杨良根. 汽车电器设备构造与维修［M］. 重庆：重庆大学出版社，2020.

［6］陈永武，刘杰惠，杨晓军. 汽车发动机构造与维修［M］. 天津：天津大学出版社，2020.

［7］刘春晖，王淑芳，连景岩. 汽车电工维修技能与技巧点拨［M］. 北京：机械工业出版社，2020.

［8］尹迎峰，曹强. 汽车电气设备构造与维修［M］. 山东：山东科学技术出版社，2020.

［9］蔡小辉，莫雪山. 纯电动汽车构造与维修［M］. 成都：西南交通大学出版社，2020.

［10］魏金营，杨光明. 汽车故障检测维修一本通［M］. 合肥：安徽科学技术出版社，2020.

［11］韩东. 汽车传动系统检修［M］. 3 版. 北京：北京理工大学出版社，2021.

［12］王爱国. 汽车电器构造与检修［M］. 武汉：华中科技大学出版社，2021.

［13］贾燕红，房宏威，侯立芬. 汽车发动机构造与检修［M］. 北京：机械工业出版社，2021.

［14］梁金赟，吴文琳. 汽车传感器原理与检修［M］. 2 版. 北京：机械工业出版社，2021.

［15］李俊泓，李沁逸，黄春蓉. 汽车底盘电控系统检修［M］. 成都：西南交通大学出版社，2021.

［16］武忠，于立辉. 汽车底盘电控系统故障诊断与检修［M］. 2 版. 北京：机械工业出

版社，2021.

[17] 王先耀. 汽车发动机电控系统构造与检修 ［M］. 2 版. 北京：北京理工大学出版社，2021.

[18] 焦传君，董长兴. 汽车行驶与操纵系统检修 ［M］. 3 版. 北京：北京理工大学出版社，2021.

[19] 吴华杰，戴晓锋. 汽车电器 ［M］. 北京：北京理工大学出版社，2021.

[20] 冯建新，李卓. 汽车底盘构造与维修 ［M］. 北京：机械工业出版社，2021.

[21] 阮观强，张振东. 汽车电器与电子控制技术 ［M］. 北京：机械工业出版社，2021.

[22] 黄成金，黄成松. 汽车底盘技术基础与技能 ［M］. 重庆：重庆大学出版社，2021.

[23] 于增信，孙莉，徐志军. 汽车发动机构造原理与维修 ［M］. 2 版. 北京：机械工业出版社，2022.

[24] 多国华. 汽车故障检测与维修技能全图解 ［M］. 北京：中国铁道出版社，2022.

[25] 曾炜. 汽车悬架、行驶与转向系统维修 ［M］. 重庆：重庆大学出版社，2022.

[26] 张国凌，谢伟钢. 汽车发动机结构原理、故障诊断与维修 ［M］. 北京：中国铁道出版社，2022.

[27] 吉武俊，胡勇. 汽车维护与保养 ［M］. 3 版. 北京：机械工业出版社，2022.

[28] 吴旭文，傅连开，王道勇. 汽车电器与控制技术 ［M］. 北京：北京理工大学出版社，2022.

[29] 舒华，赵劲松. 汽车电器与电控技术 ［M］. 3 版. 北京：机械工业出版社，2022.

[30] 杨凤英. 新能源汽车故障检修 ［M］. 北京：机械工业出版社，2022.

[31] 王孝洪，罗彪. 汽车发动机构造与拆装 ［M］. 2 版. 重庆：重庆大学出版社，2022.

[32] 李树金，宋凯凯. 汽车发动机拆装与维护保养实训 ［M］. 重庆：重庆大学出版社，2022.

[33] 麻友良，孟芳. 汽车电气系统原理与电路分析 ［M］. 北京：机械工业出版社，2022.

[34] 麻友良，杨帆. 汽车电子控制系统结构与控制原理 ［M］. 北京：机械工业出版社，2022.